Comment s'entourer de gens extraordinaires

Catalogue avant publication de la Bibliothèque
nationale du Canada

Glass, Lillian

Comment s'entourer de gens extraordinaires

Traduction de: Attracting terrific people.

1. Attraction interpersonnelle. 2. Relations humaines.
3. Réalisation de soi. I. Titre.

HM1151.G5214   2004   302'.13   C2003-941943-6

Dépôt légal: 1er trimestre 2004
Bibliothèque nationale du Québec

ISBN 2-7619-1891-6

DISTRIBUTEURS EXCLUSIFS:

• Pour le Canada
  et les États-Unis:
  MESSAGERIES ADP*
  955, rue Amherst
  Montréal, Québec
  H2L 3K4
  Tél.: (514) 523-1182
  Télécopieur: (514) 939-0406
  * Filiale de Sogides ltée

• Pour la France et les autres pays:
  INTERFORUM
  Immeuble Paryseine, 3, Allée de la Seine
  94854 Ivry Cedex
  Tél.: 01 49 59 11 89/91
  Télécopieur: 01 49 59 11 96
  Commandes: Tél.: 02 38 32 71 00
                   Télécopieur: 02 38 32 71 28

• Pour la Suisse:
  INTERFORUM SUISSE
  Case postale 69 - 1701 Fribourg - Suisse
  Tél.: (41-26) 460-80-60
  Télécopieur: (41-26) 460-80-68
  Internet: www.havas.ch
  Email: office@havas.ch
  DISTRIBUTION: OLF SA
  Z.I. 3, Corminbœuf
  Case postale 1061
  CH-1701 FRIBOURG
  Commandes: Tél.: (41-26) 467-53-33
                   Télécopieur: (41-26) 467-54-66
                   Email: commande@ofl.ch

• Pour la Belgique et le Luxembourg:
  INTERFORUM BENELUX
  Boulevard de l'Europe 117
  B-1301 Wavre
  Tél.: (010) 42-03-20
  Télécopieur: (010) 41-20-24
  http://www.vups.be
  Email: info@vups.be

Pour en savoir davantage sur nos publications,
visitez notre site: **www.edhomme.com**
Autres sites à visiter: www.edjour.com • www.edtypo.com
www.edvlb.com • www.edhexagone.com • www.edutilis.com

Gouvernement du Québec – Programme de crédit
d'impôt pour l'édition de livres – Gestion SODEC –
www.sodec.gouv.qc.ca

L'Éditeur bénéficie du soutien de la Société de
développement des entreprises culturelles du Québec
pour son programme d'édition.

Nous reconnaissons l'aide financière du gouvernement
du Canada par l'entremise du Programme d'aide au
développement de l'industrie de l'édition (PADIÉ) pour
nos activités d'édition.

LILLIAN GLASS

Comment s'entourer de gens extraordinaires

Traduit de l'américain par Jacques Vaillancourt

LES ÉDITIONS DE L'HOMME

À Abraham « Anthony » Glass

Je te dédie ce livre. Tu es vraiment une personne «extraordinaire»
dans tous les sens du mot. Si je suis devenue celle que je suis,
c'est grâce à ton amour, à ton dévouement, à tes encouragements
et à ta prévoyance. Tu m'as laissée viser les étoiles et au-delà;
comme je te l'ai promis, je continuerai de réaliser mes rêves.
Papa, je t'aimerai toujours; tu habites mon cœur!

LILLIAN GLASS

Remerciements

Toute ma gratitude à ma mère — et amie extraordinaire —, Rosalie Glass, dont l'esprit pénétrant et la sagesse imprègnent ce livre, ainsi qu'à mon frère, Manny, pour sa compréhension et son extraordinaire sens de l'humour.

Quant à Lambear, mon chien extraordinaire, il a agrémenté les longues heures que j'ai passées à rédiger ce livre avec ses caresses et son attachement. Je le remercie de m'avoir fait rire en sautant sur mon bureau, en s'allongeant sur mon manuscrit, en refusant de se relever tant que je ne lui manifestais pas mon affection. C'est ainsi qu'il me faisait prendre conscience de ce qui est vraiment important dans la vie.

Je remercie ces autres personnes extraordinaires qui peuplent ma vie et qui, peut-être à leur insu, l'enrichissent. Je les chéris du fond de mon cœur, plus particulièrement Al, Alan, Annie, Armand, Arnold, Ashley, Ben, Beth, Bikram, Bill, Bob, Brian, Carol, Charles, Christina, Christopher, Dana, Darryl, Dean, Dee, Dena, Diane, Dolly, Don, Ed, Edie, Elizabeth, Eric, Fran, Frank, Harlan, Harvey, Henry, Howard, Irene, Isaac, Jaroslav, Jeffrey, Jim, Julio, June, Kirk, Larry, Lily, Lisa, Lucille, Marty, Maura, Merna, Michael, Mickey, Nancy, Nat, Nina, Norman, Pam, Paul, Peter, Rene, Richard, Rita, Robert, Rosalie, Sabina, Sean, Simon, Steve, Stuart, Susan, Suzanne, Tracie, Tony et Wanda.

Je les remercie d'avoir été l'inspiration de bon nombre des scénarios figurant dans le présent ouvrage. Je suis une personne meilleure du fait qu'ils habitent ma vie.

Introduction

S i l'on vous proposait de réaliser un seul de vos souhaits, à part la santé, qui rendrait votre vie vraiment riche et heureuse, quel serait-il?

SOUHAITERIEZ-VOUS:

    a) être riche à millions?

    b) être mondialement célèbre?

    c) avoir beaucoup de sex-appeal?

    d) exceller dans votre champ d'activité?

    e) avoir un physique séduisant?

    f) être très intelligent?

    g) n'avoir que des personnes «extraordinaires» dans votre vie?

Si vous avez choisi la réponse «g», vous êtes vraiment astucieux. Ce choix est le seul qui puisse vraiment rendre votre vie profondément satisfaisante. Vous avez besoin de vivre parmi des gens qui apprécient vos qualités particulières, faute de quoi la liste d'avantages ci-dessus n'a aucun sens.

Que vous soyez le plus grand chanteur, acteur ou danseur du monde, ou encore le meilleur athlète, médecin, avocat, amant ou sex-symbol, si, autour de vous, personne ne reconnaît vos talents et n'apprécie votre spécificité, votre vie n'a pas beaucoup de sens.

Tom, conférencier de renommée internationale, parcourt le monde 300 jours par an pour prononcer des conférences. Il y a quelque temps, à la fin d'une allocution, tandis que les 25 000 personnes venues l'écouter lui faisaient une ovation, il a été pris d'une vive émotion. La foule en délire applaudissait à tout rompre. Des spectateurs se précipitaient sur la scène pour lui parler, lui serrer la main, lui dire à quel point ses paroles les avaient touchés. Des hommes riches et puissants, en complets griffés, lui tendaient leur carte de visite et l'invitaient à déjeuner. Des femmes superbes l'entouraient : certaines souriaient, d'autres roucoulaient pour le séduire, d'autres encore, les larmes aux yeux, lui disaient à quel point il les avait émues.

Tom avait l'impression d'être une vedette rock. Il ressentait une ivresse qu'aucun alcool ni aucune drogue ne pouvaient lui procurer. Sa tête et son cœur vibraient si fort qu'il les sentait sur le point d'éclater. Après une heure de griserie, il est rentré à son hôtel, seul. Il était tellement excité qu'il a voulu se précipiter sur le téléphone pour partager sa joie avec quelqu'un. Instinctivement, il a décroché le combiné… pour se rendre compte qu'il n'avait personne à qui téléphoner. Ses voyages constants avaient brisé son mariage et lui avaient coûté cher sur le plan personnel. Il avait perdu contact avec la plupart de ceux qui avaient été ses proches. Le silence était assourdissant.

Même si Tom était apprécié et adulé par des milliers d'individus, il n'avait personne dans sa vie avec qui partager ce moment de joie intense. C'est ce cruel constat qui l'a poussé à réfléchir sur ce qui était important pour lui. Résultat : il a considérablement allégé son calendrier de conférences, et il a maintenant dans sa vie de nombreux amis loyaux qu'il chérit et qu'il apprécie. Ceux-ci ont donné un nouveau sens, une nouvelle qualité à sa vie.

Non seulement nous avons besoin de personnes qui reconnaissent notre valeur et avec qui nous puissions partager ce que nous ressentons, mais nous avons aussi besoin des autres pour que notre vie soit réussie. Walt Disney était bien conscient de cette vérité. Durant toute sa vie jalonnée de réussites, il n'a jamais oublié ceux qui lui avaient permis de réaliser ses rêves. « Tout ce que j'ai accompli, disait-il, je le dois à ceux qui m'ont aidé. »

Chaque fois que Disney recevait un prix ou un honneur quelconque, il rendait à César ce qui appartenait à César.

Vous ne pouvez pas applaudir d'une seule main. De même, vous ne pouvez réussir dans la vie sans le concours d'autres personnes. Vous avez besoin de leur aide.

Ne croyez pas ce que bon nombre d'ouvrages de psychologie populaire clament — «vous pouvez le faire tout seul», «vous y arriverez à force d'efforts», «vous pouvez visualiser votre réussite», «acquérez de l'assurance», «augmentez votre force intérieure en augmentant votre force extérieure», «vous n'arriverez au sommet que si vous croyez en vous-même et que vous ne cédez pas à vos démons» — ; la vérité, c'est que *vous ne pouvez pas réussir sans l'aide des autres*. Vous n'obtiendrez pas la réussite que vous souhaitez si vous ignorez l'élément le plus indispensable qui soit pour atteindre votre objectif : attirer dans votre vie d'autres personnes qui peuvent vous aider et vous soutenir. Bref, vous n'arriverez à rien sans l'aide de ceux qui peuplent votre vie.

Songez au succès que connaissent les Alcooliques Anonymes et autres programmes en 12 étapes. Les participants s'appuient mutuellement. Chacun est là pour tenir l'autre par la main, pour l'aider à faire ses premiers pas dans la bonne direction et pour l'empêcher de tomber s'il trébuche. Il est là pour fournir à l'autre son soutien moral, pour le faire profiter de son expérience et pour le guider.

Bien des gens ont soutenu et guidé certains des personnages les plus célèbres de notre époque : l'animatrice Oprah Winfrey, par exemple, le président Bill Clinton, le magnat des médias Ted Turner, l'acteur Tom Hanks, gagnant d'un Oscar, et l'actrice Sharon Stone. Si brillants et si talentueux qu'ils soient, ils ne seraient pas célèbres aujourd'hui si d'autres personnes ne les avaient pas appuyés suffisamment pour qu'ils aient la chance de réaliser leurs rêves. Bien sûr, ils ont réussi à force de travail et de persévérance, mais ils n'ont pu atteindre les sommets que parce que d'autres personnes les ont gentiment encouragés ou leur ont rendu un petit service juste au bon moment. Si vous examinez de plus près la vie de ces célébrités, vous vous rendrez vite compte que, tout le long de leur chemin, des êtres extraordinaires les ont accompagnées, ont cru en elles et les ont soutenues.

Il est certes merveilleux d'être riche, intelligent et célèbre ; mais si vous n'avez personne qui vous dise un mot gentil ou encourageant, ou personne avec qui partager ce que vous ressentez, tout l'or du monde, toute l'intelligence et toute la gloire ne valent pas grand-chose, voire rien du tout.

Qui que vous soyez, vous avez besoin des autres pour que la vie vaille la peine d'être vécue. Pour avoir une vie profondément satisfaisante, vous devez apprendre à y trouver, à y attirer et à y retenir les personnes qui vous procureront du bonheur. Sans elles, la vie n'a pas de sens.

Il ne s'agit pas là d'un nouveau concept. Toutes les grandes religions reconnaissent l'importance d'avoir autour de soi des êtres bons et merveilleux, du Talmud au Coran, du Nouveau Testament au Bhagavad-Gîta, des doctrines bouddhistes aux enseignements de Lao-Tseu.

Dès le Ve siècle avant Jésus-Christ, le grand philosophe Confucius, qui a influencé la civilisation de toute l'Asie orientale, parlait de l'importance de s'entourer de «bonnes» personnes et de l'effet positif que cela a sur la vie. Dans ses théories sur l'épanouissement de l'individu, le psychologue Abraham Maslow a parlé des «personnes extraordinaires» et de leur rôle unique.

Dans notre culture, l'importance d'avoir des personnes extraordinaires dans sa vie est reconnue depuis une soixantaine d'années, soit depuis la publication par Dale Carnegie, en 1936, de son best-seller *Comment se faire des amis et influencer les gens*. Ce classique de la littérature continue de se vendre par millions d'exemplaires dans le monde entier parce qu'il a transformé d'innombrables vies.

Même si c'était là une œuvre admirable à l'époque, même si plusieurs des principes énoncés par Carnegie s'appliquent encore, bon nombre d'entre eux sont aujourd'hui sans effet.

Par exemple, les concepts comme celui-ci ne sont plus efficaces : *Durant la conversation, répétez souvent le nom de votre interlocuteur, car c'est le son le plus doux et le plus important dans toutes les langues ; ne dites jamais à quelqu'un qu'il a tort ; essayez d'obtenir immédiatement un «oui, oui» de l'autre ; laissez votre interlocuteur assumer la majeure partie de la conversation ; laissez votre interlocuteur croire que l'idée vient de lui ; entamez la conversation par des éloges et des marques d'appréciation ; portez ses erreurs à son attention le plus indirectement possible ; parlez de vos propres erreurs avant de critiquer les autres ; relevez et faites grand cas de la moindre amélioration perçue chez l'autre ; soyez chaleureux dans votre approbation de l'autre et répandez-vous en éloges sur lui.* De nos jours, les gens sont beaucoup trop conscients et lucides pour se laisser berner par ces tactiques de manipulation, que beaucoup voient comme artificielles et peu sincères.

Puisque l'environnement physique a beaucoup changé depuis l'époque de Dale Carnegie — ordinateurs, systèmes de télécommunication, satellites — et que nous vivons dans un environnement psychologique très différent d'alors — nouvelles valeurs, attitudes, normes morales et croyances —, nous avons besoin de nouveaux outils.

C'est à cause de tout cela que j'ai écrit le présent ouvrage. En tant qu'experte-conseil en communication, j'ai beaucoup appris de mes clients : grandes stars de Hollywood, politiciens, champions sportifs, chanteurs, mannequins, animateurs de causeries télévisées, lecteurs de journaux télévisés, pdg des plus grandes entreprises, auteurs à succès et même leaders étrangers ayant accompli de grandes choses dans leur vie. J'ai appris le secret de la réussite. Le point commun entre tous ces gens, c'est que *ces personnes « extraordinaires » ont su attirer dans leur vie d'autres personnes « extraordinaires » qui les ont aidées à atteindre le sommet.*

Une autre inspiration pour écrire cet ouvrage m'est venue durant la tournée de promotion que j'ai faite pour mon dernier livre, *Ces gens qui vous empoisonnent l'existence* (Les Éditions de l'Homme, 1996, 2003). Jour après jour, des gens de l'assistance me posaient les mêmes questions : « Où se trouvent donc toutes ces "personnes extraordinaires" ? Comment attirer davantage de "personnes extraordinaires" dans ma vie ? » J'ai vite compris que ces questions méritaient bien plus que la brève réponse que je pouvais donner après une conférence. Pour se défendre contre les toxines sécrétées par les « personnes toxiques », il faut apprendre à attirer et à retenir dans sa vie des « personnes extraordinaires ».

Les techniques que je vous propose ici se sont révélées efficaces non seulement pour mes clients, mais aussi pour moi. Elles ont transformé ma vie. Une fois guérie, j'ai pu aider les autres à guérir.

Comme vous, je me sentais timide, anxieuse et mal à l'aise dans les situations sociales. Comme vous, j'ai ressenti la cuisante douleur du rejet et la terrible frustration de ne pouvoir passer à autre chose dans la vie, paralysée que j'étais par la peur et par une piètre estime de moi-même. Comme vous, je me sentais seule, vide et angoissée.

Tout cela a changé parce que j'ai trouvé et que je continue de trouver des personnes extraordinaires qui sont heureuses de travailler avec moi et non contre moi. J'ai également appris à devenir moi-même une personne extraordinaire et à rendre aux autres ce qu'ils m'ont donné. Résultat : je n'ai jamais été plus heureuse et plus profondément satisfaite de ma vie.

En mettant en pratique les techniques que je vous propose dans cet ouvrage, vous apprendrez comment tisser avec les autres des relations plus riches, plus profondes et plus sérieuses. Lorsque j'ai attiré dans ma vie des personnes extraordinaires qui m'ont aidée à réaliser mes rêves, j'ai gagné en assurance, ma carrière est devenue florissante, ma vie sociale s'est enrichie, et j'ai connu la joie que procure la transmission de ce bonheur aux autres.

Lorsque vous comprendrez enfin que vous avez besoin de personnes extraordinaires dans votre vie, en vérité vous aurez atteint la sagesse. C'est là le secret qui peut rehausser votre vie dans toutes ses dimensions, qu'il s'agisse de trouver le bonheur dans l'amour ou de réussir sur le plan professionnel et d'acquérir son indépendance financière.

Dans cet ouvrage, je ne vous dirai pas de vous dénicher un «vieux protecteur», de devenir gigolo ou aventurière afin de tirer des avantages des autres et de gagner votre vie sans travailler. Non. Je vous aiderai plutôt à trouver la force intérieure et l'énergie de faire ce qu'il faut pour développer vos talents et aptitudes tout en vous respectant vous-même, en conservant votre intégrité et votre dignité, en respectant les autres et en faisant un petit effort de plus pour eux — et pour vous-même.

Dans la première partie du livre, vous découvrirez :

- pourquoi vous avez besoin et méritez d'avoir des personnes extraordinaires dans votre vie ;
- comment la présence dans votre vie de personnes extraordinaires peut vous aider à vaincre la dépression, l'ennui et la solitude ;
- comment reconnaître et apprécier les personnes extraordinaires que vous rencontrez et qui peuvent vous aider à réaliser vos rêves, afin que votre vie soit plus riche et plus satisfaisante ;
- où trouver des personnes extraordinaires ;
- comment ouvrir votre monde à de nouvelles personnes qui changeront votre vie pour le meilleur ;
- comment attirer des personnes extraordinaires ;
- comment trouver de nouvelles formes de communication avec les autres et comment vous présenter sous votre meilleur jour ;
- comment surmonter les obstacles que sont la timidité et l'insécurité.

La seconde partie du livre vous apprendra :

- à devenir vous-même une personne extraordinaire capable de rendre aux autres ce que vous avez reçu ;
- à accepter le rejet sans vous laisser démoraliser ;
- à atténuer votre stress afin d'améliorer votre apparence et de mieux vous sentir, ce qui attirera vers vous encore plus de personnes extraordinaires ;
- à prendre plus volontiers des risques dans vos relations avec les autres ;
- à acquérir l'assurance et la confiance en soi d'un gagnant de telle sorte que les autres vous trouvent attirant et intéressant.

L'information contenue dans le présent ouvrage a aidé des milliers de mes clients à changer leur vie presque du jour au lendemain. Combien d'entre eux ai-je vu entrer dans mon bureau déprimés, tristes, esseulés, anxieux et désespérés parce que leur carrière semblait être un cul-de-sac, parce qu'ils manquaient toujours d'argent, parce qu'ils fréquentaient des gens qu'ils n'aimaient pas vraiment ou, pis encore, parce qu'ils étaient entourés de personnes qui faisaient ressembler leur vie à un véritable enfer.

Après avoir appris et appliqué les techniques que je propose ici, ces personnes ont vu leur vie changer du tout au tout. Soudainement, elles ont été moins timorées, plus sûres d'elles, elles ont découvert qui elles étaient et ont su qu'elles avaient le droit d'avoir une vie peuplée de personnes extraordinaires. Elles ont commencé à s'habiller, à se tenir debout, à s'asseoir et à parler avec plus d'assurance. Elles se sont mises à dire ce qu'elles pensaient et à penser ce qu'elles disaient. Elles sont devenues plus expansives et plus ouvertes ; elles ont réussi à formuler clairement leurs désirs et leurs besoins. Elles ne tolèrent plus dans leur vie qui ou quoi que ce soit qui ne favorise pas leur développement. En retour, elles sont plus positives, plus généreuses et plus aimantes.

Grâce à cette redécouverte de leur moi, elles attirent davantage de personnes extraordinaires dans leur vie. Du fait qu'elles le sont elles-mêmes, elles attirent des personnes extraordinaires, ce qui transforme leur vie. Tous les jours, j'ai vu des miracles se produire dans mon bureau. Des clients timides et inhibés se sont mis à avoir confiance en eux-mêmes et à s'exprimer, comme s'ils pouvaient faire tout ce qu'ils voulaient dans la vie. J'ai vu des gens passer de la pauvreté à la richesse, des misanthropes devenir des plus sociables, des blasés croyant qu'ils ne rencontreraient jamais l'âme sœur trouver l'amour de leur vie.

Ce livre est vraiment efficace ! Prenez votre temps pour le lire ; relisez-en certains passages au besoin. Les histoires que j'y relate, toutes authentiques, vous inspireront. Vous attirerez, trouverez et garderez dans votre vie des personnes extraordinaires. Vous-même deviendrez une personne extraordinaire pour les autres, ce qui vous ouvrira les portes d'un monde nouveau et excitant.

LILLIAN GLASS

Chapitre premier

Pourquoi vous avez besoin de personnes extraordinaires dans votre vie et pourquoi vous les méritez

- Le monde est peuplé de personnes extraordinaires
- Pourquoi vous avez besoin de personnes extraordinaires dans votre vie
- Pourquoi, dans le passé, vous vous êtes saboté vous-même en chassant de votre vie les personnes extraordinaires
- Les gens méritent d'avoir autour d'eux des personnes extraordinaires, mais certains les craignent
- À quels signes vous reconnaîtrez qu'une personne est indigne de vous
- Comment vous empêcher de saboter vos relations précieuses
- Comment surmonter vos craintes
- Vous méritez ce que les gens ont de mieux à vous offrir
- Ce que les personnes extraordinaires peuvent vous apporter

La question que me posent le plus souvent, non seulement mes clients et les personnes qui assistent à mes séminaires, mais aussi mes amis et collègues, est sans doute celle-ci: «Où sont donc toutes les personnes de valeur?» Après maintes déceptions et maints chagrins, des femmes célibataires me demandent souvent ceci: «Y a-t-il encore des hommes bien?» De même, des hommes me disent que toutes les femmes «de valeur» sont déjà prises. J'entends constamment des remarques comme «on ne peut faire confiance à personne», «tout le monde cherche à profiter des autres» et «nous vivons dans un monde où les loups se mangent entre eux».

Il est facile de comprendre ce qui pousse les gens à faire de tels commentaires: il suffit de regarder le journal télévisé ou les innombrables causeries télévisées diffusées l'après-midi. Il semble que tout ce que l'on voit ou entend, ce sont des histoires de personnes «toxiques» qui se donnent des coups terribles les unes aux autres. Si l'on combine ce que l'on voit ou entend dans les médias à nos propres expériences de déception, de rejet et de douleur affective causées par les personnes «toxiques» qui nous empoisonnent la vie, il n'est pas difficile de comprendre pourquoi beaucoup d'entre nous éprouvons des sentiments négatifs à l'endroit des autres.

Pourtant, la réalité est tout autre: sur le plan statistique, ces «mauvaises» personnes qui ont commis des crimes et que l'on voit dans les journaux télévisés, et les personnes «toxiques» qui apparaissent sur le petit écran l'après-midi ne constituent pas la majorité. On les voit à la télévision parce que certains programmateurs peu «évolués» croient que le bizarre, le haineux et le troublé font monter les cotes d'écoute, donc les revenus de leur chaîne de télévision. Ce qu'ils n'ont pas encore compris, c'est que la plupart des téléspectateurs ne veulent pas regarder ces personnes «toxiques» à longueur de journée. En fait, de nouvelles recherches indiquent que les gens souhaitent voir des émissions qui les inspirent, qui les élèvent et qui les motivent.

Comme je l'ai dit dans mon dernier livre, *Ces gens qui vous empoisonnent l'existence,* il existe des personnes susceptibles d'éroder votre respect de vous-même, de miner la conscience de votre propre valeur, voire de ruiner votre vie. Le fait que vous ayez rencontré et attiré dans votre vie un nombre suffisant de ces «personnes toxiques» explique pourquoi vous vous sentez peut-être cynique et peu enthousiaste dans vos relations avec les autres. Sachez que vous n'êtes pas seul dans ce cas, que tous nous comptons ou avons compté dans notre entourage des personnes qui nous ont gravement nui. Cependant, les lecteurs qui ont recouru aux techniques que j'ai proposées dans mon dernier livre sont aujourd'hui plus heureux qu'ils l'étaient auparavant. Si je me fie au courrier volumineux que m'envoient chaque jour mes lecteurs, je peux dire que ces techniques ont transformé leur vie.

Une enseignante de 49 ans m'a dit qu'elle a pu danser et sourire pour la première fois de sa vie dès qu'elle s'est délestée du poids qui pesait sur ses épaules en chassant de sa vie un père «toxique» qui essayait de tout régenter. Dans sa lettre, elle ajoute qu'elle a également perdu une dizaine de kilos et qu'elle n'a jamais été si heureuse.

Un homme d'affaires, lui, a recouru à la «technique de l'humour» avec sa patronne, une femme du type «dominateur-tyran», tandis qu'une autre de mes lectrices a appliqué la «technique du désamorçage» avec sa sœur, elle aussi du type «dominateur-tyran». Dans les deux cas, mes correspondants ont constaté des résultats immédiats et une amélioration dans la façon dont les traitait la personne «toxique». Les cas du genre sont innombrables, et les résultats obtenus sont toujours les mêmes. Vous aussi pouvez affronter les personnes négatives qui habitent votre vie.

La plupart des individus naissent bons. Dans bien des cas, ce qui leur arrive dans l'existence et ce qu'ils choisissent d'en faire détermine s'ils deviendront bons ou mauvais, «toxiques» ou «extraordinaires».

La mère de Juan Carlos était prostituée, et il ne savait pas qui était son père. Il a grandi dans la pauvreté et dans des conditions sordides. Enfant, il a été témoin de scènes auxquelles il serait souhaitable que même un adulte n'assiste jamais. Il a vu des hommes se droguer à la cocaïne et perdre le contrôle d'eux-mêmes. Il a vu des immeubles pleins de graffiti, qui empestaient l'urine et la vomissure. Il a vu son voisin et meilleur ami, un garçon de 12 ans, se faire tuer par un enfant de 10 ans qui habitait dans sa rue. Il a vu un bébé criblé de balles par des coups de feu tirés d'une voiture en marche. Il a vu l'un des «amis» de sa mère la rouer de coups. Celle-ci a continué de voir son agresseur malgré les implorations de son fils. Juan Carlos a vu le «mal» toute sa vie, qu'il a littéralement passée en enfer. Un jour, une bande de garçons lui ont demandé de se joindre à eux pour dévaliser un supermarché. Craignant des représailles de leur part, il leur a dit qu'il avait mal au ventre et qu'il les accompagnerait un autre jour. Ceux-ci ne l'ont pas cru; ils l'ont battu et menacé de le tuer s'il ne se joignait pas à eux la fois suivante. Paniqué, les larmes coulant sur son visage crasseux, Juan Carlos a couru ce qui lui a semblé des kilomètres pour enfin échouer dans une église. Il y a rencontré le père John, à qui il a tout raconté. Ce soir-là, le prêtre a téléphoné à la mère de l'enfant pour lui demander si ce dernier pouvait travailler à l'église — un peu de nettoyage et de petites tâches en échange de l'hébergement et d'une place à l'école paroissiale. Heureuse de se débarrasser de son fils, la mère a accepté. Juan

Carlos a entrepris d'apprendre tout ce qu'il pouvait du père John. Il s'est développé harmonieusement dans son nouveau milieu, obtenant de bonnes notes à l'école et excellant dans les sports. Il n'a jamais regardé en arrière, mais toujours devant. Il a décroché une bourse de football pour fréquenter l'Université Notre-Dame, où il est devenu l'un des meilleurs étudiants. Il s'est inscrit à la faculté de droit; aujourd'hui, il est l'un des plus grands avocats en droit criminel du pays. Dans ses temps libres, il prodigue ses conseils à de jeunes membres de gangs du *barrio* de l'est de Los Angeles. Il a mis sur pied un centre pour jeunes où, toute la nuit, il joue les entraîneurs dans des matches de basket et de football, tout cela afin de garder hors de la rue des membres potentiels de gangs.

Juan Carlos est né et a grandi dans des conditions désastreuses, mais il n'est pas né mauvais. Il aurait facilement pu mal tourner, se joindre à un gang et finir comme la plupart des jeunes qui choisissent cette voie: en prison ou mort. C'est grâce à une personne extraordinaire, le père John, que Juan Carlos est devenu ce qu'il est aujourd'hui. Cela, le jeune homme ne l'a jamais oublié.

Le monde est peuplé de personnes extraordinaires

Comme dans le cas du père John et de Juan Carlos, il existe beaucoup de personnes merveilleuses avec qui vous entrez en contact quotidiennement. (Ce sont celles-là qu'il faudrait voir à la télévision tous les jours. Nous en avons assez que l'on nous y présente toujours les gens à problèmes qui ne sont qu'une infime minorité.) La vaste majorité de nos concitoyens sont bons, veulent être bons et veulent faire le bien, pour eux-mêmes, pour leur famille et pour les autres.

Il y a des millions de personnes extraordinaires dans le monde. Si vous n'en avez pas trouvé suffisamment, c'est que vous n'avez pas observé assez attentivement les autres et vous-même.

Les personnes extraordinaires se sont manifestées et ont montré ce dont elles étaient capables durant les terribles inondations que nous avons connues, les ouragans, les incendies de forêt, les tremblements de terre et les attentats terroristes. Ce sont ces gens-là qui ont porté secours aux victimes. Ces hommes et ces femmes se sont dépensés sans compter pour aider l'autre, qu'il s'agisse de consoler l'enfant qui pleure, d'arracher une victime aux décombres, de nourrir celui qui a faim, de vêtir celui qui a froid, voire de réanimer de leur souffle des corps inertes. Des inconnus extraordinaires qui aident d'autres inconnus extraordinaires. C'est cela la vie! Et c'est là-dessus qu'il faut mettre l'accent!

Nous devons mettre en évidence le travail des personnes extraordinaires, comme ce vétérinaire de Los Angeles qui fournit gratuitement des soins aux animaux de compagnie des sans-abri. Nous avons besoin d'une dose quotidienne d'histoires réjouissantes, comme celle de cet homme resté anonyme qui se rend chaque jour dans un hôpital pour enfants cancéreux et qui leur offre des cadeaux accompagnés d'une note disant qu'ils leur sont offerts par un ange qui veille sur eux, qui prend soin d'eux et qui les aime. Chaque jour, il donne généreusement pour que ces enfants mourants puissent sourire et attendre le lendemain avec impatience.

Que dire de cette autre personne qui se fait un point d'honneur de rendre plus agréable la vie des habitants de la ville la plus trépidante et la plus stressante d'Amérique, New York, en souriant à tous ceux qu'elle rencontre et en saluant le plus grand nombre de passants. En reconnaissant l'existence de ces passants, cette personne, dans son humble mesure, contribue à rendre leur journée plus agréable.

Par conséquent, à ceux qui demandent «Existe-t-il encore de bonnes personnes?» ou bien «Où sont donc toutes les personnes extraordinaires?», je réponds: «Regardez bien autour de vous.» Beaucoup de personnes extraordinaires se trouvent sous notre nez; trop souvent, nous ne nous en rendons même pas compte.

Pourquoi vous avez besoin de personnes extraordinaires dans votre vie

Pour survivre, nous avons besoin des autres. Sans les soins de ses parents, le nourrisson mourra. Sans la stimulation physique et affective de quelqu'un, l'enfant s'étiolera et risquera d'accuser un retard d'ordre mental, physique ou affectif. Il pourra commencer à présenter des comportements d'autodestruction. Nous avons tous constaté les effets négatifs du manque de stimulation, les plus évidents étant ceux qui se manifestent chez les animaux gardés en cage dans des zoos. Privés de leur habitat naturel et d'un milieu social adéquat, ces animaux arpentent leur cage exiguë, s'arrachent les plumes ou la fourrure, et se replient parfois tellement sur eux-mêmes qu'ils s'isolent dans un coin et se laissent mourir de faim.

Des études, devenues depuis des classiques, menées dans des orphelinats durant les années 1930 ont prouvé l'importance du contact physique, de l'amour et de tendres soins. On a découvert qu'il y avait plus de décès chez les bébés qu'on laissait dans leur berceau sans s'occuper d'eux que chez ceux à qui on accordait davantage de stimulation physique et affective. Les bébés que l'on sortait régulièrement de leur berceau, que l'on embrassait et avec qui on jouait étaient plus robustes et en meilleure santé que les autres, et souriaient plus souvent.

Pour survivre, nous avons besoin des autres. Sans le secours des autres, celui qui a faim mourrait d'inanition, celui qui a froid mourrait gelé, celui dont la maison brûle périrait dans les flammes.

Nous avons besoin des autres non seulement pour survivre, mais aussi pour réussir.

Quelle est la clé de la réussite? C'est autrui. La vérité, c'est que *quiconque réussit vraiment dans la vie n'y arrive qu'avec l'aide et le soutien des autres.*

Nous avons besoin des autres!

Quels que soient nos talents et notre intelligence, aucun d'entre nous ne peut atteindre tout seul le sommet ni réaliser ses objectifs. Nous ne pouvons tout simplement pas nous passer des autres; ne croyez pas ceux qui prétendent le contraire.

Le Dʳ Robert J. Gorlin, mon mentor à l'Université du Minnesota, présenté tout récemment dans la revue *American Health* comme étant l'un des plus grands médecins du pays, a formulé cette vérité d'une façon toute simple. Chaque fois qu'on lui disait qu'il était brillant, éloquent, serviable, bon, compatissant ou sympathique, il répondait humblement: « La grandeur d'un homme se mesure à la taille de ceux sur qui il s'appuie; toute ma vie, j'ai eu le bonheur d'être soutenu par de grands hommes et de grandes femmes. »

Comme il avait raison! « Aucun homme n'est une île », écrivait John Donne. La célèbre chanson de Barbra Streisand formule autrement la même chose: «Les gens qui ont besoin des autres sont les plus chanceux du monde.»

Ces paroles m'ont toujours paru vraies. Je l'ai constaté le jour des funérailles de mon très cher ami Charlie Minor. En observant la foule de quelque 2000 personnes venues lui rendre un dernier hommage, j'ai compris que, en fin de compte, peu importent la fortune d'un homme ou sa célébrité. Ce qui compte, c'est le nombre de vie qu'il a touchées, l'amour qu'il a eu pour les autres et l'amour que les autres ont eu pour lui.

En pensant à Charlie durant et après le service, je me suis souvenue de ses belles qualités, celles qui lui ont permis de toucher un si grand nombre de vies. C'était le genre d'homme à toujours ajouter un couvert à sa table pour ceux dont il savait qu'ils n'avaient personne avec qui passer les fêtes. Le genre d'homme à bavarder chaleureusement et franchement avec les gens, où que ce soit, quels qu'ils soient, sans égard à leur rang social, à leur apparence ou au fait qu'il les connaisse ou pas. Le genre d'homme capable d'éveiller l'amour chez les autres. Un homme si extraordinaire que des milliers de personnes ont été profondément affligées par la perte d'une présence si chaude et si merveilleuse.

Seule une personne extraordinaire pouvait susciter une telle réaction. Il était comme cela mon ami Charlie. Même s'il avait des défauts, comme tout le monde, il était bel et bien une personne extraordinaire, dans tous les sens du mot.

Une personne extraordinaire, c'est quelqu'un qui fait prendre conscience aux autres de leur propre valeur. Grâce à elle, les gens se montrent sous leur meilleur jour. Nous pouvons attirer dans notre vie des personnes extraordinaires, comme Charlie Minor ou comme le Dr Robert Gorlin, et nous sommes tous en mesure d'être des personnes extraordinaires pour les autres. Nous avons tous ce qu'il faut pour être extraordinaires, généreux, positifs et pour enrichir la vie des autres, afin d'apporter du bonheur à presque tous ceux avec qui nous entrons en contact. Nous sommes aussi en mesure de retenir ces personnes dans notre vie.

Les gens qui sont conscients d'avoir besoin des autres sont vraiment «les plus chanceux du monde» parce qu'ils comprennent qu'ils ont besoin des autres non seulement pour leur survie, mais aussi pour l'amour, l'amitié, l'intimité, la réussite et bien davantage.

Pourquoi, dans le passé, vous vous êtes saboté vous-même en chassant de votre vie les personnes extraordinaires

Si l'opinion que vous vous faites de vous-même est médiocre au point que vous ne croyez pas être une personne extraordinaire, il se pourrait bien que vous chassiez de votre vie les personnes extraordinaires, convaincu que vous ne les méritez pas. Cette situation peut avoir des conséquences négatives durables, comme l'illustre l'exemple suivant:

Sheri et Irène étaient des amies depuis fort longtemps. Irène tendait toujours une oreille attentive et généreuse lorsque Sheri lui racontait ses problèmes, surtout les difficultés qu'elle éprouvait dans sa relation avec son amoureux. Irène savait que Sheri vivait une relation «toxique», mais elle la soutenait tout de même. Un jour, tard dans la soirée, Sheri, en sanglots, a téléphoné à Irène. Cette dernière, malgré l'importante réunion à laquelle elle devait assister le lendemain matin de bonne heure, a réconforté Sheri et essayé de la conseiller. Cependant, lorsque Irène a dit à son amie qu'elle devrait rompre avec l'homme qui la trompait, celle-ci s'est fâchée, l'a invectivée, puis lui a raccroché au nez. Irène a alors compris que Sheri était incapable d'entendre la vérité. Elle était également abasourdie par le rude traitement que celle-ci lui avait fait subir. Après avoir réfléchi à la situation, Irène a conclu que, pour sauvegarder sa propre santé mentale, elle devait chasser Sheri de sa vie.

Deux ans plus tard, Sheri a finalement rompu avec son amoureux infidèle. Elle a repensé à Irène, au fait qu'elle avait chassé de sa vie cette personne extraordinaire. Elle s'est enfin décidée à lui téléphoner: «Je sais que j'ai été pour toi une amie lamentable, Irène. J'avais bu le soir de notre dernière conversation; j'étais désespérée. C'est pourquoi je t'ai parlé comme je l'ai fait.» Sheri espérait se réconcilier avec Irène, mais cette dernière lui a répondu, gentiment mais fermement, qu'elle était passée à autre chose dans sa vie et qu'elle ne voulait plus rien savoir de Sheri. Même si elle a trouvé ce rejet douloureux, Sheri a compris qu'elle devait assumer les conséquences de l'inacceptable façon dont elle avait traité son ancienne amie.

Comme Sheri, si vous ne vous tenez pas vous-même en haute estime ou si vous avez l'impression de manquer de mérite, vous pourriez en venir à saboter vos relations avec les personnes extraordinaires de votre vie.

Se sentir inférieur à la personne extraordinaire

En faisant la queue à la banque, Katy a rencontré Darla, une ancienne connaissance, à qui elle a parlé de son prochain mariage et de la promotion qu'elle était sur le point de recevoir au bureau. Lorsque son tour de passer au guichet est arrivé, juste avant de quitter la file, Katy a dit à Darla: «Prie pour moi afin que j'obtienne cette promotion!»

À son grand étonnement, Darla lui a répondu, en ricanant comme s'il s'agissait d'une plaisanterie: «Non. Alors tu aurais tout — un beau poste, un mari sensationnel — et je serais jalouse de toi.»

Ce n'était pas une plaisanterie. Darla était clairement jalouse de Katy, et elle lui avait dit la vérité. Au lieu de trouver une motivation dans la pensée que ce qui arrivait à Katy pouvait lui arriver à elle aussi, Darla se sentait rabaissée et menacée par la bonne fortune de l'autre. Ce faisant, elle a saboté une relation potentielle d'amitié qui aurait pu être enrichissante pour les deux femmes.

Malheureusement, trop de gens nourrissent en eux un esprit de compétition exacerbé qui les mène à jalouser les autres. Ce sentiment se manifeste souvent par le sarcasme et les commentaires insidieux. Éloignez-vous de ces gens!

Le syndrome de Groucho Marx

Ted a récemment rencontré Lila au cours d'un souper. Il s'est senti attiré physiquement et intellectuellement par elle tout autant qu'elle par lui. Plus tard, ils sont sortis ensemble et ont passé une soirée merveilleuse, riant beaucoup et se parlant de leurs intérêts respectifs. Ils ont marché main dans la main et se sont même embrassés sur la plage. Au cours de fréquentes conversations téléphoniques, ils se sont dit franchement ce qu'ils trouvaient important dans la vie. Ted a compris qu'une relation amicale entre eux — *a fortiori* une relation amoureuse — ne devait pas être prise à la légère. Lila était une femme d'une grande force et d'une grande richesse intérieures, ainsi que d'une solide moralité. Ted a téléphoné de moins en moins souvent à Lila, jusqu'au jour où il a complètement cessé de le faire. Lorsqu'elle lui téléphonait, il se montrait froid et distant. Pendant des semaines, déprimée, Lila se torturait à se demander ce qu'elle avait bien pu faire à Ted pour qu'il cesse de l'appeler. Après une séance dans mon bureau, elle a compris que le comportement de Ted n'avait rien à voir avec elle. Ted avait l'habitude de quitter les femmes qu'il aimait. Lorsque Lila m'a raconté que Ted lui avait dit qu'il avait rompu avec sa dernière flamme parce que celle-ci voulait l'épouser, j'ai vu clair. Ted ne voulait pas d'une femme qui le voulait lui. Quand Lila lui a fait sentir qu'elle l'aimait bien, qu'il comptait pour elle, Ted a pris la poudre d'escampette. Lila doit s'estimer heureuse de ne pas avoir perdu plus de temps qu'elle ne l'a fait et de ne pas s'être trop éprise de Ted, parce que la situation aurait été destructrice pour elle, comme elle l'a été pour une autre de mes clientes, Gina.

Gina a épousé Steve après avoir été l'objet d'une cour des plus expansives. Il lui répétait constamment qu'il la trouvait fabuleuse, l'inondait de cadeaux et comblait le moindre de ses désirs. Une fois qu'elle a fini par accepter sa proposition et qu'elle l'a épousé, un Steve tout autre est apparu. Soudainement, Gina ne faisait plus rien de bien. Steve était méchant avec elle, pointilleux et soupe au lait. Après deux semaines de ce comportement «toxique», le mariage a été annulé. Durant son traitement, Steve a révélé à son thérapeute qu'il ne trouvait plus Gina si fabuleuse que cela. Avant leur mariage, il avait constaté qu'elle était plutôt froide et distante. Mais, après l'avoir demandée en mariage, il l'avait trouvée plus attentive à lui. Elle lui offrait des cadeaux et lui préparait ses plats préférés. Il se disait que, si Gina l'aimait à ce point, c'était que quelque chose clochait chez elle.

Malheureusement, comme Steve, Ted et Darla, il existe beaucoup d'individus qui ne s'aiment pas eux-mêmes et qui ne se sentent pas dignes d'avoir une personne extraordinaire dans leur vie.

Ted, Steve et Darla souffrent de ce que l'on appelle le syndrome de Groucho Marx. Le regretté Groucho avait un jour dit en plaisantant qu'il ne voudrait jamais être membre d'un club qui voudrait de lui comme membre.

Même s'il s'agissait d'une plaisanterie, il n'y a rien de drôle chez les gens qui se méprisent à ce point. Ceux qui se sentent ainsi sont anxieux, ne croient pas avoir la moindre valeur et vont même jusqu'à se détester. Si vous êtes un jour dans cette situation, mieux vaut pour vous consulter un conseiller ou thérapeute professionnel. Il se penchera sur ces problèmes et vous aidera à les régler, afin que vous ne chassiez plus les personnes extraordinaires que vous avez la chance d'avoir dans votre vie.

Les gens méritent d'avoir autour d'eux des personnes extraordinaires, mais certains les craignent

Même si, intellectuellement et affectivement, vous avez peut-être envie que des personnes extraordinaires peuplent votre vie, il se peut que vous ayez constaté que vos relations les plus précieuses ont trop souvent été marquées par le conflit et le malentendu. Comment se fait-il que bien des gens, après avoir rencontré une personne extraordinaire, font tout ce qu'ils peuvent pour saboter la relation d'amitié potentielle ou réelle? Souvent, c'est parce que, du fait qu'eux-mêmes ne se sentent pas extraordinaires, ils ne se croient pas dignes d'avoir dans leur vie une personne extraordinaire. Des complexes cachés peuvent pousser un individu à saboter des relations potentiellement extraordinaires au moyen de comportements nocifs, comme la fuite, les paroles blessantes et autres attitudes négatives.

Un certain nombre de raisons expliquent ces comportements négatifs. Par exemple, certains se sentent diminués lorsqu'ils sont en présence de personnes extraordinaires. D'autres se méprisent tellement qu'ils ne comprennent pas pourquoi une personne extraordinaire rechercherait leur compagnie, encore moins les aimerait. D'autres encore pensent qu'ils ne sont pas à la hauteur de la personne extraordinaire, que celle-ci se moquera d'eux ou les dénigrera dans leur dos, qu'elle essayera de les contrôler ou qu'elle finira par les rejeter.

Je ne suis pas à sa hauteur

Neil, peintre en bâtiment, vivotait. De nombreuses journées de pluie l'ayant empêché de travailler, il s'est montré extrêmement diligent lorsqu'il a obtenu le contrat pour repeindre la maison de Laurie. Il a trimé dur, accordant beaucoup d'attention aux détails. Le soir, lorsque Laurie rentrait après une journée épuisante, il lui demandait s'il pouvait lui être utile dans la maison ou faire des courses pour elle. Neil se montrait si attentif et serviable avec Laurie, qui rencontrait à longueur de journée toutes sortes de personnes toxiques en raison de son métier d'avocate, qu'elle appréciait Neil et se réjouissait de sa présence dans sa vie. Une fois le travail de peinture terminé, Laurie, qui souhaitait que

Neil reste dans le paysage, a créé d'autres tâches pour lui. Leur attirance mutuelle a fini par faire surface ; Neil a emménagé chez Laurie, tout en se disant qu'il n'était pas à la hauteur de la jeune femme. Après tout, pensait-il, c'était une femme instruite, une avocate qui avait beaucoup d'influence et dont la carrière était brillante. Qu'aurait-elle fait d'un décrocheur qui n'avait même pas terminé ses études secondaires, qui avait de la difficulté à lire, qui ne savait pas parler correctement et qui ignorait les bonnes manières à table ?

Même si Laurie ne semblait pas penser qu'ils étaient mal assortis, Neil s'en faisait beaucoup à ce sujet. Il le lui rappelait constamment. Au début, il lui a fait des commentaires subtilement négatifs ; puis, il s'est montré franchement hostile. Du fait que Neil ne se sentait pas à sa place auprès d'elle, Laurie a fait ce qu'elle devait faire : elle l'a mis à la porte de chez elle et l'a chassé de sa vie à tout jamais.

Elle cherchera peut-être à me dénigrer ou à me contrôler

Trop souvent, lorsque les gens ont le sentiment de ne pas mériter d'avoir dans leur vie une personne extraordinaire, ils projettent leur propre paranoïa et leur propre insécurité sur cette dernière. Ils se méprennent sur la force intérieure et l'amour-propre de cette personne qu'ils interprètent comme une tentative de les contrôler. Souvent, les personnes qui pensent ainsi ont exercé si peu de contrôle sur leur propre vie que, devant une personne qui s'affirme et qui prend la situation en main, elles ont immédiatement l'impression qu'elle veut les dominer.

Linda, couturière, était nouvellement arrivée dans la ville. Gloria, une femme riche et très mondaine qui lui avait confié quelques travaux de couture, a remarqué que cette dernière, en plus de faire du beau travail, était une femme charmante, douce et serviable. Par conséquent, Gloria dirigeait chez Linda toutes ses amies qui avaient des travaux de couture à faire. Le commerce de Linda est vite devenu florissant.

Un jour, Gloria a téléphoné à Linda : elle avait une réparation urgente à lui faire faire. Invitée à assister à une grande soirée, elle avait besoin de la robe deux jours plus tard. Linda lui a répondu sèchement : « Cessez d'essayer de régenter ma vie. Vous ne pouvez pas me faire marcher à la baguette. Je ne suis pas un phoque qui saute à travers le cerceau chaque fois que vous le lui ordonnez. » Gloria était interloquée. Elle avait toujours parlé à Linda avec gentillesse, s'était efforcée de lui envoyer le plus de clientes possible et lui avait même apporté régulièrement des fleurs de son jardin. Gloria ne comprenait pas ce qui se passait. Le venin que Linda crachait et sa sortie tout à fait irrationnelle étaient dus au fait qu'elle avait perdu le contrôle de sa vie, qu'il s'agisse de ses finances, de sa boulimie ou de son éternel manque de temps. Linda projetait sur Gloria son insécurité et la paranoïa qui découlait de ce manque de contrôle. Lorsqu'elle a dit à Gloria qu'elle ne voulait pas qu'elle la régente, elle était en réalité jalouse de celle qui était si sûre d'elle, qui s'affirmait si naturellement et qui exerçait tant d'influence − l'influence même qui avait rendu le commerce de Linda florissant. Linda croyait, de manière tout à fait irrationnelle, que si Gloria exerçait une telle influence, elle tenterait peut-être de contrôler sa vie aussi.

Elle me rejettera peut-être

Malheureusement, les gens qui manquent d'amour-propre et qui ne se sentent pas dignes d'avoir dans leur vie des personnes extraordinaires rejetteront la personne même dont ils souhaitent le plus la compagnie, de crainte que celle-ci n'ouvre les yeux et ne les rejette la première. Afin d'éviter un cuisant rejet, ils sabotent leur relation en trouvant un défaut à l'autre.

Margo a été victime d'un terrible accident de voiture dans lequel elle a eu les deux jambes cassées. Son amie extraordinaire, Lisa, l'a veillée presque 24 heures sur 24. Même si Margo voyait que Lisa était pour elle une amie dévouée, qui sacrifiait temporairement sa vie pour l'aider, Margo demeurait une patiente insupportable. Elle refusait d'obéir aux consignes des médecins, s'apitoyait sur son sort et menaçait même de se suicider. Se sentant impuissante, Lisa a fermement averti Margo qu'elle ne voulait plus entendre parler de suicide et que, si celle-ci y songeait sérieusement, elle la ferait interner à l'hôpital. Gênée de son propre comportement et craignant que Lisa n'en ait assez d'elle et ne la laisse tomber − ce qui la placerait dans une position d'impuissance −, Gloria a voulu prendre Lisa de vitesse et la rejeter la première en trouvant sans cesse à redire sur tout ce que celle-ci faisait pour l'aider.

Comme Margo était obsédée par le fait que son ancien amoureux, Greg, ne lui avait pas téléphoné, Lisa, pleine de bonnes intentions, a décidé d'appeler Greg elle-même pour lui raconter ce qui était arrivé à son amie. Lorsque Margo a appris cela, elle a trouvé le prétexte parfait pour chasser Lisa de sa vie avant que Lisa ne la rejette. Margo était ravie de pouvoir mettre Lisa à la porte en lui disant qu'elle ne lui adresserait plus jamais la parole. Après plusieurs tentatives de la part de Lisa pour redresser la situation et renouer avec Margo, cette dernière est restée sur ses positions : elle a obtenu un numéro de téléphone confidentiel et a refusé tout contact avec Lisa.

Malheureusement, ce genre de situation est trop courant chez les personnes qui se fréquentent. Souvent, si l'un des partenaires ne se sent pas digne de l'autre, il rejettera cet autre le premier en pensant qu'ainsi il souffrira moins que lorsque l'autre, inévitablement, le rejettera.

À quels signes vous reconnaîtrez qu'une personne est indigne de vous

Si vous éprouvez les sentiments ou présentez les comportements mentionnés ci-dessous, il faut que vous y fassiez attention. Ils en disent long sur ce que vous pensez vraiment de vous-même :

1. Jalouser la personne extraordinaire.
2. Ne pas écouter ce que la personne extraordinaire vous dit et ignorer ses conseils.
3. «Oublier» de renvoyer les appels de la personne extraordinaire ou arriver en retard aux rendez-vous avec elle.
4. Se sentir irrité ou ennuyé par les petits défauts de la personne extraordinaire.
5. Sentir l'envie d'agresser verbalement la personne extraordinaire.

Vous vous demandez peut-être pourquoi nous traitons si mal les gens qui veulent le plus notre bien. La réponse est simple : parce que nous avons la terrible impression de ne rien valoir. Nous envions ces personnes, ce qui fait que, inconsciemment, nous voulons les saboter ou les détruire parce que nous sentons que nous ne les méritons pas.

Comment vous empêcher de saboter vos relations précieuses

Si vous commencez à croire que vous n'êtes pas à la hauteur des autres et constatez chez vous des comportements toxiques, voici quelques mesures à prendre pour vous empêcher de saboter les relations les plus précieuses de votre vie :

1. Concentrez votre attention sur le problème. Par exemple, pourquoi ne pouvez-vous pas supporter votre voisin ? Pourquoi votre collègue vous met-il toujours hors de vous ? Pourquoi ces gens ont-ils un effet si négatif sur vous ? Réfléchissez à tout cela, car savoir, c'est pouvoir. Prenez conscience du fait que vous êtes jaloux ou que vous ne vous sentez pas à la hauteur des autres. Cette prise de conscience vous donnera peut-être la force de modifier vos sentiments et votre comportement.
2. Vous trouverez peut-être utile de vous réserver un peu de temps durant lequel, tout seul, vous dresserez la liste de tout ce que la personne extraordinaire a fait pour vous. Pourquoi ne pas tenir un journal dans lequel vous consignerez vos pensées, sentiments et impressions durant la lecture du présent ouvrage et après l'avoir lu ?
3. Ayez un geste inattendu ou attentionné pour cette personne. Montrez-lui que vous pensez à elle ; faites-lui savoir que vous appréciez sa présence dans votre vie.
4. Prenez du temps pour vous parler à vous-même de ce qui pourrait vous arriver si vous vous aliénez cette personne extraordinaire et risquez de la perdre. Il se peut qu'il vous soit impossible de réparer les pots cassés.

Votre famille vous aime peut-être de manière inconditionnelle, mais ce n'est pas nécessairement le cas de vos amis — même ceux qui sont des personnes extraordinaires. Si vous exagérez, vous finirez comme Sheri et regretterez d'avoir perdu une personne extraordinaire.

Comment surmonter vos craintes

La peur est l'ennemie mortelle qui empêche les gens d'avoir des relations extraordinaires avec des personnes extraordinaires. Elle explique pourquoi les gens se sabotent eux-mêmes et mettent en péril leurs amitiés et leurs expériences enrichissantes avec les autres.

Le président Franklin D. Roosevelt a dit un jour: «Nous n'avons rien à craindre que la crainte elle-même.» Comme il avait raison! Souvent, tout ce qu'il nous faut pour surmonter nos craintes, c'est de reconnaître leur existence et de nous convaincre nous-mêmes que nous n'avons pas peur.

En raison de mes années d'expérience dans le traitement de mes clients, je suis convaincue que savoir, c'est pouvoir. Si vous savez ce que vous faites de travers et pourquoi vous le faites, vous avez le pouvoir de changer.

Par exemple, si vous savez que peu de personnes extraordinaires ont habité votre vie parce que vous manquez d'assurance en leur présence, que vous avez l'impression de ne pas être à leur hauteur, et qu'en leur présence vous vous conduisez d'une manière susceptible de nuire à votre relation avec elles, vous voudrez savoir pourquoi ces personnes et ces situations provoquent en vous de tels sentiments. Arrêtez-vous, quittez la pièce s'il le faut et servez-vous un petit laïus d'encouragement. Dites-vous que vous valez la peine que ces gens s'intéressent à vous, que vous les méritez, que vous êtes une meilleure personne du simple fait que vous les connaissez, tout comme ils sont meilleurs du simple fait qu'ils vous connaissent. Si vous ne croyez pas à vos paroles, répétez-les plusieurs fois. Prononcez-les à voix haute. Regardez-vous dans la glace en même temps. Dites-les comme si vous y croyiez, et vous finirez par y croire. Une fois pour toutes, interdisez-vous de sentir que vous n'êtes pas à la hauteur en présence de cette personne ou dans telle ou telle situation. Rappelez-vous les choses que vous avez faites pour cette personne et qui ont enrichi sa vie. Si vous ne pouvez rien trouver, pensez à ce que vous pourriez faire et faites-le. Encore une fois, dites-le à voix haute. Répétez-vous chaque fois que vous avez de la valeur et que vous méritez d'avoir cette personne dans votre vie. Puis, allez retrouver cette personne. Dites-lui quelque chose de gentil de votre voix la plus positive possible. Et n'oubliez pas de lui dire à quel point vous appréciez sa présence dans votre vie.

Vous méritez ce que les gens
ont de mieux à vous offrir

Ce n'est qu'après avoir reconnu vos craintes, après avoir affronté les démons qui vous font croire que vous n'êtes pas à la hauteur, et après avoir exorcisé toute l'information erronée programmée en vous par les personnes toxiques qui ont naguère ou jadis infecté votre vie, que vous pourrez sentir que vous méritez ce que les gens ont de mieux à vous offrir.

Tout être humain a le droit d'être traité avec respect et dignité, de se faire parler doucement et gentiment, d'être encouragé et soutenu, d'avoir l'occasion d'être la meilleure personne possible. Lorsque nous nous traitons les uns les autres avec amour, respect et bonté, nous grandissons, nous nous élevons, nous nous épanouissons, nous atteignons des sommets et nous excellons.

Lorsque nous manquons d'amour ou de soutien, c'est le contraire qui se produit. Nous rapetissons, nous nous fanons, nous mourons. Les êtres humains sont fragiles, sensibles, délicats. Si on ne les traite pas avec amour et bonté, ils ne peuvent donner le meilleur d'eux-mêmes. Songez à ce qui arrive aux gens qui n'ont pas reçu d'amour lorsqu'ils étaient enfants. Les conséquences de cette carence sont telles que bon nombre d'adultes d'âge moyen continuent de recourir aux services de thérapeutes et de conseillers spécialisés qui les aident à se débarrasser du sentiment de vide qu'ils ont acquis et de la douleur insupportable de ne pas avoir eu assez de personnes extraordinaires dans leur entourage durant leurs années de développement pour nourrir leur affectivité.

Même si vous avez été un enfant ou un adolescent maltraité, vous pouvez briser ce cycle infernal. Vous pouvez vous guérir vous-même, guérir les blessures du passé, en vous entourant des personnes qui vous disent que vous êtes extraordinaire et qui vous le font sentir par leurs actes. Lorsque l'on rencontre Glenda, on ne se douterait jamais qu'elle a été victime de mauvais traitements durant son enfance. Entre 20 et 30 ans, elle a été attirée par des gens qui la maltraitaient sur les plans physique, intellectuel et affectif. J'ai traité Glenda, ma cliente, avec le même amour, la même gentillesse et le même respect que mes autres clients. Je l'ai soutenue ; je l'ai encouragée à mieux communiquer avec les autres en verbalisant ses besoins et désirs, au lieu d'attendre des autres qu'ils lisent dans ses pensées et qu'elle soit déçue lorsqu'ils ne faisaient pas ce qu'elle attendait d'eux. Un jour qu'elle est arrivée dans mon bureau en sanglotant, elle m'a tendu le billet suivant, qu'elle voulait que je lise en sa présence :

> Vous savez, docteur Glass, chaque fois que je suis venue dans votre bureau vous m'avez accueillie avec un sourire. Chaque fois que vous me parlez, il y a une étincelle dans votre regard et du dynamisme dans votre voix. Vous écoutez tout ce que je vous dis, vous entendez tous mes problèmes. Vous me donnez de bons conseils et vous m'avez prouvé mille fois que vous vous souciez de mon bien-être. Vous m'avez dirigée vers certains médecins, vers le comptable qui convenait le mieux à mes besoins ; vous m'avez même présentée à quelqu'un qui m'a donné le poste dont j'avais toujours rêvé. Vous continuez de me donner confiance en moi-même en me répétant que je présente bien. Vous êtes sincèrement heureuse pour moi quand des choses positives m'arrivent dans ma carrière ou dans ma vie personnelle. Chaque fois que je quitte votre bureau, vous vous levez et vous me serrez dans vos bras. Docteur Glass, c'est la première fois de ma vie que quelqu'un me donne le sentiment que je suis quelqu'un de bien. Vous m'avez montré comment je dois être traitée le reste de ma vie et comment je dois traiter les autres. Je n'accepterai rien de qui que ce soit. Je ne vous oublierai jamais parce que vous m'avez fait le plus beau cadeau qui soit, un cadeau qui ne s'achète pas : ma dignité et le sentiment de ma propre valeur. Que Dieu vous bénisse et vous permette de continuer votre travail exceptionnel, afin que vous puissiez toucher la vie d'autres personnes comme vous avez touché la mienne.

Le billet de cette femme m'a émue aux larmes et m'a fait réfléchir sur ma propre vie. Elle aussi m'a donné le plus beau cadeau qui soit en me permettant d'enrichir sa vie afin qu'elle puisse à son tour enrichir celle des autres. J'avais le sentiment qu'elle avait de la valeur et, en retour, elle avait le même sentiment à mon égard. Nous méritons tous d'avoir dans notre vie des personnes extraordinaires qui ouvrent notre cœur et qui touchent notre âme.

Ce que les personnes extraordinaires peuvent vous apporter

Le thème principal du présent ouvrage, c'est «découvrir le bonheur en aidant les autres». Trouver des personnes extraordinaires pour enrichir votre vie vous aidera à chasser la solitude, à atténuer, voire à éliminer, certaines formes de dépression, à enrichir votre vie dans la société, à trouver un meilleur emploi, à gravir plus rapidement les échelons de la réussite, et à mener une vie plus joyeuse et plus excitante.

Finie la solitude!

Combien de fois, assis seul chez vous, débordant d'énergie, prêt à aller quelque part ou à faire quelque chose, n'avez-vous pas constaté que vous n'aviez personne avec qui le faire? Vous avez peut-être été jusqu'à décrocher le combiné, pour ensuite vous rendre compte que vous n'aviez personne à qui téléphoner. Soudainement, vous avez eu un serrement dans la poitrine. Vous vous êtes senti triste et gêné de n'avoir dans votre vie personne à qui téléphoner, personne qui soit là pour vous.

Si vous avez fait l'expérience de la solitude — la terrible prise de conscience du fait de ne pas avoir dans votre vie les gens dont vous avez besoin —, vous n'êtes pas seul dans votre cas. La plupart d'entre nous ont vécu la même chose à un moment ou à un autre. Les célibataires et les adolescents sont les personnes les plus exposées à la solitude. Des études révèlent qu'au moins 50 p. 100 des célibataires trouvent que la solitude est le pire inconvénient du célibat. D'autres études indiquent que plus de 20 p. 100 des adolescents se sentent «terriblement seuls». Même si vous êtes marié, même si vous vivez avec toute une maisonnée, vous pouvez vous sentir seul si vous n'êtes pas avec les gens qu'il vous faut.

En présence d'une personne extraordinaire avec qui votre relation est harmonieuse, vous ne vous sentez pas seul. Votre santé physique et mentale y gagne. En fait, des études nous apprennent que les personnes qui se sentent seules connaissent davantage de troubles de santé reliés à l'alcool et à la drogue et que l'incidence des maladies cardiaques est plus grande chez elles.

Atténuer ou éliminer la dépression

Tandis que de nouvelles recherches font ressortir un facteur biochimique important dans les cas de dépression clinique, beaucoup d'autres ont établi un lien entre la dépression et la solitude. Ainsi, il est plutôt difficile de se sentir déprimé dans l'entourage de personnes extraordinaires qui nous font sourire, qui nous font rire, qui nous intéressent, qui nous acceptent tels que nous sommes et qui nous font nous sentir bien dans notre peau.

Même si Connie occupait un emploi intéressant et qu'elle habitait une magnifique maison, elle semblait souvent déprimée. Elle est allée d'un thérapeute à l'autre à la recherche d'un remède. Elle se sentait apathique, négative, aliénée et malheureuse, et elle s'ennuyait. Les thérapeutes n'arrivaient pas à l'aider et les médicaments étaient sans effet. En ultime recours, après avoir lu mon dernier livre, elle est entrée en contact avec moi. Nous avons longuement bavardé. C'est ainsi que nous avons découvert que la racine de son problème, c'était qu'elle avait le sentiment de ne pas pouvoir établir de rapport avec beaucoup de gens de la côte Ouest, où elle habitait depuis son départ de New York. Connie y occupait un meilleur emploi et gagnait beaucoup plus d'argent qu'avant, mais elle se sentait tout de même malheureuse. Je l'ai incitée à se trouver du travail dans l'Est et à y retourner. Même si cela signifiait qu'elle gagnerait moins d'argent, elle se trouverait avec des gens avec qui elle pourrait établir un rapport. Connie a suivi mon conseil: elle n'a jamais été aussi heureuse. Elle sort tous les soirs, et elle a de nombreuses amies avec qui elle va au restaurant, au cinéma ou au théâtre. De plus, elle a rencontré un homme extraordinaire qu'elle épousera peut-être.

Tout ce qu'il a fallu à Connie pour sortir de sa dépression, c'est d'être en compagnie de personnes extraordinaires avec qui elle pouvait établir un rapport.

Où que vous viviez, il s'en trouve, des personnes extraordinaires. Contrairement à Connie, la plupart des gens ne peuvent pas se permettre de déménager. L'être humain est en compagnie de lui-même où qu'il aille; par conséquent, il est essentiel qu'il soit bien dans sa peau, où qu'il se trouve.

Enrichir votre vie dans la société

En tant qu'êtres humains, nous avons besoin de beaucoup de stimulations. Nous avons besoin de personnes avec qui partager nos idées et à qui exprimer nos sentiments les plus profonds. Lorsque nous attirons dans notre vie une ou deux personnes extraordinaires, celles-ci connaissent souvent d'autres personnes extraordinaires à qui elles nous présenteront et auxquelles nous présenterons les personnes extraordinaires que nous-mêmes connaissons. C'est ainsi que commence le cycle social.

Lorsque Janet a déménagé à Chicago, elle ne connaissait que Vivien, qui l'a invitée à un thé qu'elle avait organisé pour une vingtaine de femmes. Janet y a rencontré toutes les amies de Vivien, mais a établi un rapport privilégié avec cinq d'entre elles. Janet a pris leur carte de visite et a déjeuné avec chacune de ces femmes. Elle a senti qu'elle pourrait se lier d'amitié avec deux d'entre elles. Celles-ci, Elaine et Candy, sont devenues pour elle des amies intimes et l'ont invitée à des fêtes et à des soirées au cours desquelles elle a rencontré d'autres personnes encore. Janet a fini par devenir l'une des femmes les plus en vue de Chicago. Étant donné qu'elle était célibataire, ses nouvelles amies l'invitaient souvent à des soupers où elles la faisaient s'asseoir à côté de célibataires qui représentaient de beaux partis. Un soir, son voisin de table avait tellement de choses en commun avec elle qu'elle a fini par l'épouser.

Au fond, Janet a pu rencontrer celui qui allait devenir son mari parce que sa vie mondaine s'était intensifiée. Elle a commencé par rencontrer une femme extraordinaire, Vivien, puis a pris le thé avec d'autres femmes extraordinaires, qui connaissaient d'autres personnes extraordinaires, qui à leur tour en connaissaient d'autres, et ainsi de suite.

Comme nous l'avons vu dans le cas de Janet, une seule rencontre peut faire de vous l'une des personnes les plus populaires et les plus recherchées de votre ville.

Décrocher un meilleur emploi

La plupart des emplois les plus intéressants ne sont jamais annoncés dans les journaux. C'est plutôt dans l'esprit et dans la bouche d'autres personnes qu'il faut les chercher. Souvent, quelqu'un travaille dans une entreprise ou a un ami qui travaille dans une autre entreprise qui entend parler d'un poste qui vous conviendrait parfaitement. Si vous établissez une relation avec des personnes extraordinaires qui ont tendance à penser aux autres, elles vous feront connaître ces débouchés. C'est cela le «réseau».

Après avoir été mise à pied à la suite d'une compression du personnel, Cindy est restée en chômage pendant six mois. Jennifer a essayé de la soutenir durant cette période en lui étant particulièrement attentive, mais elle ne pouvait pas lui offrir de tuyaux susceptibles de lui faire décrocher un poste dans son domaine d'activité. Elle ne pouvait être pour son amie qu'une oreille bienveillante. Un jour, Jennifer déjeunait avec une autre amie qui était accompagnée de sa sœur, Kim, qui a raconté à Jennifer que son entreprise de traiteur était florissante et se développait de façon exponentielle ; elle a ajouté qu'elle avait besoin d'aide. Depuis la démission de son adjointe, chargée des réservations et de la direction du personnel, Kim était débordée. Elle recherchait une personne stable, patiente, ayant le sens de l'organisation, qui saurait traiter avec les clients et régler les crises, et qui serait même disposée à faire le service au besoin. Pendant que Kim décrivait l'adjointe idéale, Jennifer a pensé à Cindy. Même si Cindy ne connaissait rien aux services de traiteur, Jennifer savait qu'elle possédait tous les atouts que cherchait Kim. Aujourd'hui, Cindy a un emploi parce que son amie extraordinaire, Jennifer, lui a fait rencontrer Kim. Sans Jennifer, Cindy serait peut-être encore au chômage.

Gravir les échelons de la réussite

Même si nous aimons croire que le labeur, la diligence et la patience nous permettront d'atteindre le sommet dans notre champ d'activité, la vérité est tout autre : il se peut qu'il nous faille lutter et attendre jusqu'au jour de notre retraite. Pour gravir plus rapidement les échelons de la réussite, vous avez besoin de personnes extraordinaires qui vous aideront. Cela peut vous sembler injuste et peu démocratique, mais c'est la réalité.

Carla a travaillé pendant 13 ans chez un grand fabricant de produits de beauté dans un poste de cadre intermédiaire. Elle avait beau exceller dans son travail, elle n'arrivait jamais à gravir un échelon dans l'organigramme de son entreprise, jusqu'au jour où elle a rencontré Ken, pdg d'une grande entreprise et le meilleur ami de

Marvin, pdg de la société employant Carla. Après une seule rencontre avec Marvin, qui a été impressionné par son expérience, ses compétences, ses connaissances et son don pour les affaires, Carla a été promue à un poste de cadre supérieur.

De même, l'un de mes clients, un acteur bien connu aujourd'hui, n'arrivait pas à décrocher un rôle. Il suivait tous les cours d'art dramatique, participait à tous les ateliers, se présentait à toutes les auditions ouvertes, faisait de la gymnastique tous les jours; de plus, il avait un physique avantageux et l'air d'un acteur de Hollywood. Eh bien! malgré tout, il n'obtenait pas un seul rôle et ne pouvait se trouver un agent. Après avoir frappé à des centaines de portes et avoir laissé son CV et ses photos sur les bureaux de nombreux agents sans obtenir de réponse, il était complètement désemparé: que devait-il faire pour réussir à Hollywood?

Ce qu'il lui a fallu, ce sont d'autres personnes qui croient en lui autant qu'il croyait en lui-même.

Un soir, durant un cours d'art dramatique, Julie, une camarade, l'a félicité pour un monologue émouvant en lui disant à quel point elle le trouvait bon acteur. Il a ricané en disant: «J'aimerais bien qu'un agent ait le même sentiment que toi à mon égard.» Julie, actrice qui, elle, travaillait, a accepté de présenter le jeune homme à son agent. Les deux hommes se sont plu. Le reste fait partie de l'histoire. Aujourd'hui, vous voyez ce jeune homme jouer dans de nombreux films de premier plan.

Davantage de joie et de passion dans votre vie

Je ne sais pas pourquoi, mais la vie semble plus joyeuse lorsqu'on la vit en compagnie d'une personne extraordinaire. Les nouvelles aventures et expériences transforment l'existence. Dans une salle d'exercice, après avoir remarqué une femme qui s'évertuait à régler les commandes de son tapis roulant sans y parvenir, Denise s'est approchée d'elle pour lui en expliquer le fonctionnement. Les deux femmes ont appris à se connaître et ont par la suite eu de nombreuses conversations intéressantes tout en faisant leurs exercices. Ruth a trouvé que Denise était une personne extraordinaire, contrairement à beaucoup des femmes qu'elle connaissait. Denise, elle, aimait bavarder avec Ruth parce qu'elle la trouvait raffinée et cultivée. Un jour, Ruth a invité Denise au cocktail qu'elle donnait chez elle, dans sa somptueuse résidence de Beverly Hills, où travaillaient des domestiques et des majordomes en livrée. Certaines des personnalités les plus connues du monde assistaient au cocktail : vedettes de cinéma, grandes mondaines, animateurs de télévision, magnats des affaires, producteurs de films et sénateurs. Denise était ébahie de constater que Ruth connaissait et recevait chez elle les personnes qu'elle idolâtrait et rêvait de fréquenter.

Son amitié avec Ruth a ouvert pour Denise un nouveau monde de divertissement et de joie : voyages au festival de Cannes et au Maroc, shopping en Italie, galas à Washington, visite à la Maison-Blanche, premières loges aux matches des Lakers, au derby du Kentucky, au grand prix de Monaco et à Ascot, réceptions auxquelles assistaient des membres de la famille royale britannique, soirées de rire et de flirt avec certains des hommes les plus séduisants et les plus influents de la planète. Denise a également eu l'occasion de s'initier au monde des arts, à l'équitation, à la mode et à bien d'autres choses nouvelles pour elle. La rencontre de ces gens intéressants a transformé sa vie à tout jamais.

Même si l'expérience qu'a vécue Denise a été unique — une espèce de conte de fées —, cette femme a également modifié le cours de la vie de Ruth, qui trouvait agréables l'enthousiasme et la fureur de vivre de Denise. Elle appréciait son honnêteté et respectait son intégrité et son échelle des valeurs. À travers le regard de Denise, Ruth a pu voir sous un jour nouveau, plus excitant, toutes les belles choses qu'elle possédait et tous les lieux magnifiques auxquels elle avait accès. Elle a pu mieux apprécier non seulement ce qu'elle avait mais aussi qui elle était. Pour la première fois de sa vie, Ruth s'amusait et appréciait le fait qu'elle avait les moyens financiers de profiter de ce qu'elle avait la chance de faire.

Mis à part le cas de Denise et de Ruth, à une plus petite échelle, le simple fait de rencontrer une personne extraordinaire avec qui on a des atomes crochus peut transformer une expérience banale, comme aller au cinéma, en une expérience excitante, stimulante et joyeuse.

Fréquenter des personnes extraordinaires qui ont des intérêts, un style de vie, voire une vision de la vie, uniques et différents des vôtres vous permettra d'entrer dans leur monde et de vivre votre vie dans la perspective des autres. Ces fréquentations multiplient les possibilités que vous offre la vie, ainsi que ses récompenses.

CHAPITRE 2

Qui sont les personnes extraordinaires dans votre vie?

- Questionnaire sur les personnes extraordinaires
- Signification de vos réponses
- Qui est extraordinaire pour vous?
- Traits de personnalité des personnes extraordinaires
- L'associativité des personnes extraordinaires qui en rencontrent d'autres
- La spirale des personnes extraordinaires – l'entraide
- La visualisation des personnes extraordinaires que vous voudriez avoir dans votre vie
- Où trouver des personnes extraordinaires?

Dans le présent chapitre, vous apprendrez à identifier les traits caractéristiques des personnes extraordinaires. Le questionnaire qui suit vous aidera à examiner vos propres réactions émotionnelles, comportementales, physiques et communicationnelles face aux personnes qui peuplent votre vie. Vous pourrez ainsi découvrir qui est extraordinaire pour vous.

Y a-t-il assez de personnes extraordinaires dans votre vie? Pour le savoir, répondez au questionnaire. En lisant les questions, pensez à vos réactions instantanées aux autres. Connaissez-vous quelqu'un en particulier au sujet duquel vous répondriez «oui» à la plupart des questions ou à toutes? Une fois que vous aurez terminé l'exercice, lisez les commentaires qui se trouvent à la fin du questionnaire pour découvrir ce que vos réponses révèlent sur les gens qui font partie de votre vie.

Questionnaire sur les personnes extraordinaires

Réactions émotionnelles

1. Vous sentez-vous enthousiasmé ou stimulé après avoir parlé avec cette personne ou après l'avoir rencontrée?
2. Êtes-vous de bonne humeur chaque fois que vous vous trouvez en compagnie de cette personne?
3. Au fond de vous, aimez-vous vraiment cette personne et avez-vous le sentiment qu'elle vous aime aussi?
4. Après avoir été en compagnie de cette personne, vous sentez-vous sûr de vous?
5. Cette personne vous fait-elle vous sentir séduisant, intelligent, respecté et digne?
6. Éprouvez-vous un sentiment de vide, avez-vous l'impression que quelque chose vous manque quand vous êtes loin de cette personne?
7. Vous sentez-vous en sécurité auprès de cette personne?
8. Avez-vous envie de rire ou de sourire chaque fois que vous êtes en présence de cette personne ou chaque fois que vous pensez à elle?
9. Cette personne parle-t-elle de vous lorsqu'elle est en compagnie des autres et chante-t-elle vos louanges?
10. Avez-vous l'impression que cette personne n'éprouve aucune jalousie, aucune envie ni aucun esprit de compétition à votre endroit?

Réactions comportementales

1. Vous sentez-vous plus motivé à agir après vous être trouvé en compagnie de cette personne?
2. Cette personne vous incite-t-elle à adopter le meilleur comportement?
3. Avez-vous envie de serrer cette personne dans vos bras, de l'embrasser, de la toucher et de lui manifester ouvertement votre affection?
4. Cette affection est-elle mutuelle?
5. Vous comportez-vous de façon naturelle et aisée en présence de cette personne?

6. Cette personne se préoccupe-t-elle sincèrement de votre bien-être, de vos sentiments et de vos pensées ? Le montre-t-elle ?
7. Cette personne est-elle honnête avec vous ? Sentez-vous que vous pouvez être franc et honnête avec elle sans craindre d'être ridiculisé ou jugé ?
8. Cette personne fait-elle généreusement tout ce qu'elle peut pour vous et pour essayer de vous plaire ?
9. Cette personne se montre-t-elle généreuse avec vous ?
10. Avez-vous l'impression de sourire davantage et de paraître sous votre meilleur jour chaque fois que vous êtes en présence de cette personne ?

Réactions communicationnelles

1. Cette personne dit-elle généralement des choses gentilles sur vous et sur les autres ?
2. Cette personne vous appuierait-elle ou vous défendrait-elle verbalement si quelqu'un disait quelque chose de négatif à votre sujet, et vice-versa ?
3. Cette personne utilise-t-elle souvent des expressions polies et des termes d'affection lorsqu'elle vous parle ?
4. Cette personne est-elle prodigue de compliments, relevant ce que vous faites de bien au lieu de ce que vous faites de moins bien ?
5. Vous parlez-vous d'un ton chaleureux et amical ?
6. Cette personne est-elle constante dans les commentaires favorables qu'elle vous adresse ?
7. Respectez-vous mutuellement vos points de vue et sentez-vous que cette personne vous écoute vraiment ?
8. Trouvez-vous que les sujets de conversation ne manquent pas entre vous et que vous pouvez bavarder longuement sans vous ennuyer ou sans que votre intérêt se dissipe ?
9. Vous parlez-vous d'un ton enthousiaste et optimiste ? Chacun de vous est-il ravi d'entendre la voix de l'autre ? Avez-vous un air avenant lorsque vous vous parlez ?
10. Vous parlez-vous ouvertement et honnêtement, dans le respect, sans jamais avoir envie de recourir à des propos désagréables l'un pour l'autre ?

Réactions physiques

1. Vous sentez-vous plus éveillé, plus vivant, après vous être trouvé en compagnie de cette personne ?
2. Avez-vous l'impression que cette personne a le pouvoir de vous calmer afin que vous ne vous sentiez pas stressé ou tendu ?
3. Aimez-vous l'apparence, les vêtements, la voix et l'odeur de cette personne ?
4. Aimez-vous la façon dont cette personne vous touche ?
5. Cette personne privilégie-t-elle l'action ? Fait-elle des choses pour vous ?
6. Le cas échéant, protégeriez-vous physiquement cette personne et ferait-elle de même pour vous ?
7. Ressentez-vous une stimulation physique en présence de cette personne ? Votre cœur bat-il plus vite ? Vous sentez-vous plus heureux ?
8. Vous est-il difficile de quitter cette personne après vous être trouvé en sa compagnie ?
9. Faites-vous des choses avec elle et partagez-vous des activités semblables ?
10. Avez-vous l'impression d'avoir plus belle apparence lorsque vous êtes en compagnie de cette personne ou que vous l'avez été récemment ?

Signification de vos réponses

Si vous avez répondu «oui» à la plupart des questions, vous êtes vraiment chanceux ! Vous entretenez une relation avec au moins une personne extraordinaire qui renforce l'estime que vous avez de vous-même et qui vous fait vous sentir bien sur les plans physique, affectif et mental en faisant ressortir en vous ce qu'il y a de meilleur, ce qui vous incite à vous présenter sous votre meilleur jour. Si vous avez répondu «oui» à la moitié des questions, tout va bien pour vous, mais vous voudrez peut-être élargir vos horizons afin de rencontrer d'autres personnes extraordinaires. Mais si, après avoir répondu au questionnaire, vous vous rendez compte que bien peu de personnes extraordinaires habitent votre vie — ou aucune —, ne vous en faites tout de même pas !

À mesure que vous lirez ce livre, vous apprendrez à attirer des personnes extraordinaires dans votre vie. Vous apprendrez également à devenir plus extraordinaire vous-même, ce qui vous aidera à attirer à vous davantage de personnes extraordinaires, dans une spirale toujours croissante de joie et de satisfaction.

Qui est extraordinaire pour vous?

Tout comme il existe des «personnes toxiques» que vous avez rencontrées durant toute votre vie et qui ne vous ont pas particulièrement plu, qui avaient des traits de caractère qui vous mettaient en rogne ou qui faisaient ressortir en vous ce que vous avez de plus laid, il existe des personnes extraordinaires qui suscitent chez vous ce qu'il y a de mieux. Si vous songez aux traits de caractère que vous trouvez attirants chez les autres, vous ne serez pas étonné de constater que les personnes qui vous sont les plus chères sont celles qui possèdent des traits semblables. Les traits que vous appréciez chez les hommes pourraient être différents de ceux que vous recherchez chez les femmes, comme je l'ai moi-même découvert en me livrant à l'exercice suivant:

Traits de personnalité des personnes extraordinaires

1. Dressez la liste de cinq hommes et cinq femmes que vous avez admirés et respectés toute votre vie. Tenez compte de toutes les personnes qui ont traversé votre vie depuis votre enfance.
2. Demandez-vous pourquoi vous appréciez, voire aimez, ces personnes. En regard de leur nom, inscrivez plusieurs traits de caractère positifs qui décrivent le mieux leur personnalité. Pour le cas où vous manqueriez d'inspiration ou de vocabulaire, voici une liste de mots qui vous aideront à décrire leur personnalité:

LES PERSONNES EXTRAORDINAIRES SONT...

accessibles	affectueuses	ambitieuses
accommodantes	aimables	amicales
actives	aimantes	animées
affables	altruistes	apaisantes

assurées	discrètes	innocentes
attachantes	disponibles	innovatrices
attentionnées	distinguées	instruites
attentives	douces	intègres
attirantes	douées	intelligentes
audacieuses	droites	intrépides
authentiques	drôles	joyeuses
bienveillantes	dynamiques	judicieuses
bonnes	éclairées	justes
braves	élégantes	lettrées
brillantes	encourageantes	loquaces
calmes	énergiques	loyales
candides	engagées	lucides
chaleureuses	enjouées	magnanimes
charismatiques	enthousiastes	masculines
charmantes	entreprenantes	mesurées
circonspectes	équilibrées	méticuleuses
communicatives	équitables	modernes
compatissantes	éveillées	morales
complaisantes	évoluées	motivantes
complètes	excitantes	mûres
compréhensives	exigeantes	non agressives
concentrées	expressives	non critiques
conciliantes	faciles à vivre	non violentes
confiantes	féminines	obligeantes
constantes	fières	optimistes
courtoises	fortes	organisées
créatives	franches	ouvertes
crédibles	généreuses	passionnées
curieuses	gracieuses	patientes
décidées	grégaires	perspicaces
délicates	hardies	pétillantes
délicieuses	heureuses	placides
démocratiques	honnêtes	pondérées
démonstratives	honorables	posées
déterminées	humbles	positives
dignes de confiance	imaginatives	présentes
directes	indépendantes	prévisibles

prévoyantes	respectueuses	sobres
proactives	responsables	solides
profondes	sagaces	souples
promptes à	sages	souriantes
reconnaître	saines	spirituelles
leurs erreurs	sans prétention	studieuses
propres	sans complexes	sûres d'elles
protectrices	satisfaites	talentueuses
provocantes	séduisantes	tenaces
prudentes	sensibles aux autres	tendres
raisonnables	sensuelles	travailleuses
rationnelles	sereines	vigoureuses
réalistes	sérieuses	vives
reconnaissantes	serviables	vulnérables
réfléchies	sexy	zélées
renseignées	simples	
respectables	sincères	

3. Maintenant, comparez cette liste avec celles que vous avez dressées pour voir combien de traits ont en commun les personnes que vous respectez et admirez. Vous serez aussi étonné que je l'ai été de constater le grand nombre de traits positifs qui se retrouvent chez ces personnes extraordinaires.

J'ai découvert que j'ai tendance à graviter autour des femmes dynamiques, énergiques et créatives, tandis que je suis presque exclusivement attirée par les hommes qui réussissent et qui sont paisibles, faciles à vivre, bons et entreprenants.

Cet exercice vous sera des plus utiles pour déterminer, rapidement et facilement, votre degré de compatibilité avec quelqu'un, le degré d'intimité à atteindre avec cette personne et l'importance du rôle qu'elle devrait jouer dans votre vie. La marge d'erreur est très faible; vous pourriez difficilement laisser la mauvaise personne entrer dans votre vie parce que vous aurez évalué ses traits de caractère d'une façon plus objective et plus réaliste. Cela ne signifie pas que vous devriez refuser d'aimer, d'accepter ou d'apprécier les personnes dont la personnalité ne correspond pas aux traits de caractère que vous préférez. Cependant, il est plus probable que vous vous entendrez mieux, que vous serez plus détendu avec les personnes qui présentent ces traits de caractère, et que vous entretiendrez avec elles une relation plus harmonieuse et plus durable.

Cette technique a amélioré la qualité de la vie de beaucoup de mes clients. Prenons par exemple le cas de Larissa, une jeune célibataire séduisante, dessinatrice de mode accomplie. Avant de se livrer à cet exercice, elle se plaignait du fait qu'elle n'attirait que des mauvais sujets ; tous les hommes qu'elle avait fréquentés l'avaient toujours dénigrée, relevant constamment ses défauts au lieu de ses qualités.

Au début de leur relation avec elle, ces hommes la complimentaient et la traitaient avec gentillesse. Mais, au fil du temps, ils se mettaient à critiquer tout ce qu'elle faisait et disait. Larissa était sur le point de renoncer définitivement aux hommes.

Après s'être livrée à cet exercice, elle a découvert que les hommes avec qui elle s'entendait bien réussissaient en général mieux qu'elle. C'étaient pour la plupart des hommes mûrs, impressionnés mais non intimidés par son cran et son allant.

Larissa a eu le sentiment de tout comprendre lorsqu'elle s'est rendu compte que tous les hommes qu'elle avait fréquentés étaient perturbés et financièrement instables, qu'ils détestaient leur travail et qu'ils avaient à peu près son âge. Du fait qu'ils étaient insatisfaits de leur propre vie, ils ne pouvaient pas supporter de la voir si heureuse dans sa carrière. Par conséquent, ils essayaient de la rendre aussi peu sûre d'elle qu'ils l'étaient eux-mêmes. À l'occasion d'une soirée, Larissa a récemment rencontré un homme qui ne ressemble en rien à ceux qu'elle a fréquentés auparavant, mais qui a beaucoup en commun avec les amis et collègues avec qui elle s'entend bien. Aujourd'hui, elle est heureuse en ménage avec cet homme et, à 42 ans, elle attend son premier enfant.

De la même façon, Georgette a connu beaucoup de chagrins et de déceptions, surtout à cause de la jalousie et de l'envie d'autres femmes. Celles-ci ont souvent contrarié ses projets et l'ont souvent dénigrée. Après avoir compris, grâce à l'exercice précédent, que les femmes avec qui elle était le plus compatible étaient celles qui refusaient d'être des victimes, qui étaient autonomes, indépendantes et accomplies, Georgette n'a pas été étonnée de constater que sa nouvelle meilleure amie, Martha, n'aurait jamais dû être placée au rang de meilleure amie.

À son arrivée à Nashville, Georgette était déjà une auteur de chansons à succès de réputation nationale. Martha était une chanteuse en devenir qui n'arrivait pas à décrocher un poste de serveuse, et encore moins à le garder. Elle n'avait jamais d'argent et semblait passer constamment d'une crise à une autre. Grâce à ses contacts dans le milieu, Georgette a essayé d'aider sa nouvelle amie en lui faisant obtenir des auditions. Lorsque les contacts en question se trouvaient à l'extérieur de la ville ou qu'ils tardaient à accorder à Martha une audition, celle-ci se montrait rude avec Georgette, comme si le retard avait été de sa faute. Georgette a procuré un travail à temps partiel à Martha qu'elle a chargée de ses appels téléphoniques de relations publiques. À la grande honte de Georgette, Martha révélait des bribes de son sordide passé aux personnes qu'elle appelait. De toute évidence, ces révélations rejaillissaient sur Georgette.

Après avoir fait l'exercice précédent, Georgette a chassé de sa vie toutes les femmes jalouses et enclines à se sentir victimes comme Martha. Elle s'est juré de ne plus jamais ramasser de chiens égarés qui finiraient par la mordre, comme Martha l'avait fait. Aujourd'hui, Georgette choisit très judicieusement ses amies ; jamais elle n'a eu autant de relations aisées et solides avec des femmes.

Lorsque vous serez en compagnie d'une personne dont les traits de caractère vous conviennent particulièrement, vous constaterez que vos relations sont plus aisées, plus naturelles. Vous vous comprendrez plus facilement. Dans une telle relation, il n'existe aucun plan secret, aucune hostilité occulte. Ces relations d'égal à égal se prêtent à une communication ouverte et honnête qui vous permet de régler promptement tout problème qui pourrait survenir.

L'associativité des personnes extraordinaires qui en rencontrent d'autres

Vous souvenez-vous de la propriété d'associativité que vous avez apprise dans vos cours d'algèbre ? Peut-être vous demandiez-vous alors à quoi elle vous servirait dans la vie ou si vous auriez un jour l'occasion d'utiliser cette information.

Eh bien ! voici ce que vous attendiez depuis toujours : la propriété d'associativité de l'amitié. Pour vous rafraîchir la mémoire, disons que le principe d'associativité établit que si «a» égale «b», et que «b» égale «c», alors «a» égale «c». Appliquons maintenant ce principe à notre sujet, les personnes extraordinaires. Si la personne extraordinaire Anne aime la personne extraordinaire Barbara, qui aime la personne extraordinaire Carole, alors il est plus que probable qu'Anne aimera Carole. Puisque Anne a tant de traits en commun avec Barbara, ce qui en fait de bonnes amies, et puisque Barbara a tant de traits en commun avec Carole, alors il semble tout à fait logique qu'Anne et Carole aient ces mêmes traits en commun et que, par conséquent, elles puissent devenir de bonnes amies elles aussi.

C'est pourquoi, lorsqu'une personne extraordinaire présente ses amis extraordinaires les uns aux autres, de nouvelles amitiés naissent presque immédiatement. C'est ce qui est arrivé à mes amies Bev et Carla. J'adore Bev pour toutes les raisons que j'ai listées au cours de l'exercice « Qui est extraordinaire pour vous ? ». J'adore mon amie Carla pour à peu près les mêmes raisons. Lorsque j'ai présenté Bev à Carla, elles ont immédiatement sympathisé ; aujourd'hui, elles sont les meilleures amies du monde. Si le contact de l'amitié ne s'établit pas entre deux amis extraordinaires, c'est peut-être parce que ces personnes n'ont pas de traits extraordinaires en commun, ou encore parce qu'il existe une certaine jalousie ou rivalité entre elles.

La spirale des personnes extraordinaires – l'entraide

Nous connaissons tous le dicton « Qui se ressemble s'assemble ». Il s'applique particulièrement bien aux personnes extraordinaires. Si vous commencez à fréquenter des personnes extraordinaires, vous commencerez à rencontrer par leur entremise d'autres personnes extraordinaires. En rencontrant les amis de vos amis extraordinaires, vous vous rendrez compte que non seulement ils s'entendent bien entre eux, mais qu'ils ont eux aussi d'autres amis extraordinaires. C'est ainsi que se forme tout un réseau de personnes extraordinaires. C'est ce que j'appelle la spirale de l'amitié. Plus vous fréquentez de personnes extraordinaires, plus la spirale prend de l'ampleur.

De cette spirale naissent de précieuses amitiés, authentiques, profondes, durables et bénéfiques, qui rehaussent la qualité de la vie. Dans cette spirale, les gens s'entraident pour que les besoins ou désirs de chacun soient satisfaits, qu'ils soient de nature professionnelle, personnelle ou sentimentale.

C'est ce qui m'est arrivé lorsque j'ai déménagé à New York. Je n'y connaissais presque personne, à l'exception de quelques membres des médias et d'anciens clients avec qui j'avais travaillé à Los Angeles. Avant mon départ pour New York, mon ami Arnold Kopelson m'a présentée à ses amis new-yorkais extraordinaires, Nat et Vivien Serota. Vivien m'a présentée à son amie Helene Kaplan, qui était également amie avec Arnold. Helene a dit à son ami Peter que je déménageais à New York et que j'avais besoin d'un appartement. Un beau matin, sans que je m'y attende, j'ai reçu à mon hôtel un coup de fil de Peter Levine, qui m'a présentée à l'un des agents immobiliers les plus réputés de Manhattan. Celui-ci m'a trouvé l'appartement idéal, situé dans le quartier qui me plaisait et au prix qui me convenait. Je l'ai loué sur-le-champ. Je disposais ainsi d'un endroit agréable où m'installer.

À mon arrivée à New York, Vivien Serota m'a présentée à Diane Felenstein, qui est devenue une bonne amie et qui m'a à son tour présentée à son amie extraordinaire, Carol Levin, qui, elle, m'a présentée à son mari, Jerry Levin, pdg de la société Revlon, lequel m'a présentée à l'un de ses contacts dans le milieu des affaires.

Pendant ce temps, ma bonne amie Dana Lowey m'a présentée à sa mère, Nita Lowey, membre du Congrès des États-Unis, d'où l'invitation que j'ai reçue d'assister à une soirée de financement politique organisée par Hillary Clinton pour Nita Lowey. J'y ai croisé Diane Felenstein, qui connaissait Nita Lowey, et Sheila Grant, une autre de mes nouvelles amies. J'ai découvert que Sheila et Diane se connaissaient. Sheila m'a plus tard annoncé qu'elle connaissait un homme charmant qu'elle aurait bien aimé me présenter.

Comme vous le voyez par ma propre expérience, la spirale d'amitié a grandi et continue de grandir à mesure que je rencontre d'autres personnes extraordinaires par l'intermédiaire de mes amis extraordinaires.

Lorsque vous ne fréquentez que des personnes extraordinaires, si peu nombreuses qu'elles soient au départ, vous finissez par constater que de plus en plus de personnes intéressantes commencent à peupler votre vie. Ces personnes vous ouvriront des portes en plus de vous faire connaître un monde nouveau, que ce soit sur le plan financier, social, intellectuel, affectif, spirituel ou culturel.

C'est ce qui est arrivé à Edith Weiner, l'une des futuristes et stratégistes les plus cotées du monde, cofondatrice de Weiner, Edrich, Brown, société spécialisée dans l'analyse des tendances émergentes dont les services sont recherchés par les grandes entreprises. À 27 ans, elle a mis sur pied son propre bureau de recherche et, à 28 ans, elle a commencé à siéger au conseil d'administration de l'une des grandes sociétés dont le nom figure dans la liste Fortune 500.

Il y a plusieurs années, cette jeune femme brillante, belle, dynamique et élégante, après s'être rendu compte qu'elle ne connaissait pas suffisamment de femmes dans son genre, a entrepris de rencontrer d'autres femmes et de se lier d'amitié avec elles en utilisant le concept de la spirale de l'amitié. Elle a rencontré une femme très influente qui travaillait dans le monde de la mode et qui a fini par la présenter à d'autres femmes influentes qui, à leur tour, l'ont présentée à… et le cycle s'est enclenché. Grâce à cela, non seulement Edith a enrichi sa vie en y faisant entrer de nouveaux et merveilleux amis et s'est jointe aux conseils d'administration d'autres sociétés et associations importantes, mais elle a récemment été invitée à la Maison-Blanche, où elle s'est assise entre le secrétaire d'État et le président du Mexique. Aujourd'hui, elle est l'une des femmes les plus influentes de New York.

Vu le pouvoir et l'influence qu'exercent ses amies, toutes ses connaissances parlent de la «mafia d'Edith» lorsqu'ils font référence à ses contacts. Il y a environ six ans, Edith a décidé de mettre sa «mafia» au service de bonnes causes: elle a rassemblé 500 femmes exceptionnelles à une cérémonie honorant entre autres Linda Ellerbee et Lena Horne, et destinée à financer un programme de mentorat pour les jeunes filles des ghettos. Ce mentorat offrirait à ces jeunes de nouvelles possibilités, leur permettrait de faire des rencontres et d'établir des contacts, ce qui améliorerait leurs perspectives d'avenir. Grâce au jumelage de ces jeunes filles à des femmes extraordinaires, qui deviennent leurs mentors, de nouveaux horizons s'ouvrent à ces jeunes qui pourraient bien se trouver propulsées sur le chemin de la réussite.

La visualisation des personnes extraordinaires que vous voudriez avoir dans votre vie

Edith Weiner s'est créé une vie remplie de personnes extraordinaires. Vous pouvez et devez faire de même. Vous devez réellement vous voir jouissant de la présence de personnes extraordinaires dans votre vie et la méritant.

Après avoir écrit *Ces gens qui vous empoisonnent l'existence*, j'ai pris la décision de ne plus jamais laisser entrer dans ma vie quiconque n'est pas extraordinaire. Je ne voulais plus dans mon entourage de personnes négatives, courant d'un désastre à l'autre. Je ne voulais plus jamais être le «Dr Glass» dans mes relations personnelles avec les autres : c'était trop épuisant, trop frustrant, trop invalidant. Je souhaitais être le «Dr Glass» pour toutes les personnes avec qui j'entretiens des rapports professionnels durant mes heures de bureau. Par conséquent, j'ai décidé de n'attirer dans ma vie que des personnes extraordinaires, que des personnes qui aident les autres à grandir, que des personnes que j'admirais et respectais sincèrement.

Pour visualiser la présence de ces personnes dans votre vie, fermez les yeux et regardez à l'intérieur de vous. Voyez les types de personnes dont vous souhaitez la compagnie. Soyez très descriptif dans votre visualisation de ces personnes en imaginant qui elles seraient, quels merveilleux traits de caractère elles posséderaient et comment elles verraient le monde. Quel serait leur niveau d'énergie? Seraient-elles décidées à mener une vie riche, amusante et stimulante? Quelle serait leur occupation? Où habiteraient-elles? Dans quelles activités seraient-elles engagées? Comment auraient-elles vécu leur vie? Quel type de personnes fréquenteraient-elles? Quel impact auraient-elles sur votre vie? Quel impact auriez-vous sur la leur?

Exercez-vous régulièrement à cette visualisation. Elle a été miraculeuse dans la vie de mes clients et dans la mienne aussi. Elle peut l'être pour vous. Faire entrer des personnes extraordinaires dans votre esprit pourrait très bien les faire apparaître en chair et en os!

Où trouver des personnes extraordinaires?

La solitude et la tristesse, malgré les apparences, pourraient être un bien. Plus vous êtes esseulé, plus vous êtes insatisfait et plus vous êtes mécontent des personnes qui vous déçoivent constamment, plus vous serez prêt et motivé à aller à la rencontre de personnes extraordinaires.

Ce chapitre lu, vous voulez savoir comment reconnaître les personnes qui sont extraordinaires pour vous. Vous vous demandez peut-être où vous pouvez les trouver. La réponse est simple : elles se trouvent partout! Si vous ne semblez pas arriver à en trouver, c'est que vous ne cherchez pas assez. En plus des rencontres de personnes extraordinaires par l'intermédiaire d'autres personnes extraordinaires dont nous avons traité plus tôt, il existe une myriade de manières de faire connaissance avec de telles personnes et d'endroits où le faire. Voici 25 endroits ou activités qui vous mettront sur la piste :

1. Promenade à pas rapides
2. Routine quotidienne
3. Courses
4. Promenade du chien
5. File d'attente au cinéma ou au théâtre
6. Attente du bus, de l'avion, du train...
7. Salle d'entraînement
8. Sport organisé
9. Sport spectacle
10. Votre bureau, le leur ou celui d'autres personnes
11. Réunion d'affaires
12. Salle d'attente du médecin
13. Station de santé
14. Café ou restaurant
15. Église ou temple
16. Séminaire ou conférence
17. Soirée, fête, dîner ou réception
18. Réunions
19. Shopping
20. Réparation de votre auto, ordinateur ou autre appareil
21. Magasin de disques ou de vidéocassettes
22. Bibliothèque ou musée
23. Activité ou rassemblement politique
24. Ascenseur
25. Cérémonies marquant des tournants dans la vie : baptêmes, anniversaires, mariages, fêtes et même funérailles.

Vous avez peut-être vos propres suggestions. Tant mieux ! Tout ce qui compte, c'est de ne pas hésiter à les explorer. Soyez créatif. Rappelez-vous que vous devez faire le premier pas et amorcer le contact. Autrement, comment pourriez-vous déterminer s'il s'agit véritablement de personnes extraordinaires ?

CHAPITRE 3

Vingt types de personnes extraordinaires

- 1. Les Chaleureux
- 2. Les Antinarcissiques
- 3. Les Généreux
- 4. Les Non-Juges
- 5. Les Élogieux
- 6. Les Dignes
- 7. Les Attentionnés
- 8. Les Honnêtes
- 9. Les Décontractés
- 10. Les Meneurs de claque
- 11. Les Lucides
- 12. Les Rebondisseurs
- 13. Les Sensibles
- 14. Les Gagnants-Gagnants
- 15. Les Loyaux
- 16. Les Diligents
- 17. Les Audacieux
- 18. Les Non-Victimes
- 19. Les Enthousiastes
- 20. Les Recruteurs
- La bonne humeur contagieuse
- Les personnes extraordinaires portent chance

Même si beaucoup d'adjectifs peuvent servir à décrire les personnes extraordinaires, comme nous l'avons vu au chapitre précédent, on compte 20 types principaux de personnes extraordinaires. Recherchez les traits qu'évoquent les noms de ces types lorsque vous êtes à l'affût de nouveaux amis; la plupart des personnes extraordinaires les ont en commun. Il s'agit de personnes qui vous font vous sentir bien, qui s'intéressent à vous, qui se donnent généreusement, qui ne vous jugent pas, qui disent du bien de vous, qui se respectent, qui sont attentionnées, honnêtes, qui ne se prennent pas trop au sérieux, qui chantent vos éloges, qui sont conscientes de ce qui se passe autour d'elles, qui guérissent vite d'un rejet pour passer à autre chose, qui sont à l'écoute de leurs émotions, qui sont des gagnants, qui sont loyales, qui ne remettent rien au lendemain, qui prennent des risques calculés, qui refusent d'être des victimes, qui vivent leur vie au maximum, et qui sollicitent l'aide des autres pour les récompenser ensuite.

1. Les Chaleureux

Les personnes extraordinaires font toujours ressortir
ce qu'il y a de meilleur chez les autres. Elles les font se sentir bien
et leur donnent l'impression qu'ils comptent, grâce à des témoignages
d'affection et à des paroles gentilles.

Pourquoi le chef d'une grande entreprise, un sénateur, une star de cinéma, une vedette rock, un aide-serveur, un préposé au stationnement et un concierge tenaient-ils tous Charlie Minor en haute estime ? Pourquoi tant de gens gravitaient-ils autour de lui et souhaitaient-ils sa compagnie ? En plus de son dynamisme et de son optimisme, Charlie faisait ressortir ce qu'il y avait de meilleur chez tous ceux qu'il rencontrait.

Il ne parlait jamais à personne de façon condescendante et accordait à chacun une attention particulière. Les gens qu'il rencontrait sentaient qu'il les trouvait uniques et importants.

Un pharmacien que je connais est très conscient de la nécessité de traiter les gens avec respect et, de ce fait, il fait ressortir ce qu'il y a de meilleur en eux. En outre, son attitude lui est profitable dans son commerce. À une époque où pullulent les succursales des grandes chaînes de pharmacies, les clients se ruent toujours dans celle d'Alan Schwab, située à Beverly Hills. Pourquoi? Parce qu'Alan traite chacun de ses clients comme une personne. Il lui donne le sentiment qu'il compte. Il sympathise avec lui et s'intéresse à ses petits bobos. Il lui accorde une attention toute personnelle qui démontre qu'il se soucie de sa santé et qu'il le considère comme un être humain. Résultat: Alan compte un grand nombre de clients loyaux, et son commerce est florissant. Ses clients sentent que l'économie de quelques cents ne les fera pas se sentir aussi bien qu'une visite chez Alan, qu'une conversation avec lui et que le réconfort qu'il peut leur donner.

Comme Charlie Minor et Alan Schwab, les personnes extraordinaires ont le don de donner aux autres le sentiment qu'ils comptent vraiment. Elles comprennent ce que William James voulait dire lorsqu'il a écrit: «Le besoin le plus profond de la nature humaine, c'est celui de se sentir apprécié.» Ces personnes sont capables de faire savoir aux gens à quel point ceux-ci sont appréciés pour leurs qualités particulières et uniques.

Les Chaleureux sont des êtres extraordinaires parce qu'ils ne rabaissent jamais les autres. Ils les acceptent de bon cœur tels qu'ils sont et, ce faisant, ils font ressortir ce qu'il y a de meilleur en eux. Cette attitude les rend très populaires. Du fait que les gens se sentent bien en présence de ces personnes extraordinaires, ils recherchent leur compagnie.

2. Les Antinarcissiques

Les personnes extraordinaires s'intéressent aux autres
au lieu de chercher à être intéressantes.

Les Antinarcissiques sont tournés vers autrui; ils s'intéressent à leur interlocuteur au lieu de parler d'eux-mêmes. Du fait qu'ils souhaitent mieux vous connaître, ils ne cherchent pas à vous amuser. Ils vous posent beaucoup de questions, veulent savoir ce que vous faites dans la vie, ce que vous pensez de ceci et de cela, ce que vous ressentez. C'est pourquoi vous avez tendance à avoir une réaction positive à leur égard.

Leur univers est si large et ils s'intéressent à tant de choses, de personnes et d'enjeux qu'ils disposent de beaucoup de sujets de discussion qui n'ont rien à voir avec leur propre personne. Cette attitude les rend plus attirants et plus intéressants pour les autres. Les personnes extraordinaires de ce type nous enseignent qu'il ne faut pas chercher à se rendre intéressant, qu'on l'est automatiquement lorsqu'on ne concentre pas toute son attention sur soi-même.

Les Antinarcissiques s'intéressent au monde extérieur, et vous en faites partie. Ils se soucient surtout de savoir ce que les autres pensent et ressentent, ce qui les rend plus attentifs à autrui et moins susceptibles de dire ce qu'il ne faut pas. Ils sont toujours sensibles aux signaux émotionnels qu'ils perçoivent dans le ton de voix de leur interlocuteur, ou ils sont à l'affût de ces signaux dans la gestuelle et l'expression faciale de celui-ci. C'est ce qui explique que tant de gens, après une conversation avec un Antinarcissique, ont l'impression d'avoir été bien compris. Ils sont ravis que quelqu'un ait enfin compris ce qu'ils essayaient de dire, ce qu'ils sont vraiment.

Les Antinarcissiques ne sont pas avares de compliments et ne jugent jamais les autres. Ils ne parlent d'eux que dans la mesure où il y a un rapport avec ce que vous dites ; tout ce qu'ils disent a toujours un rapport avec vous. Par exemple, si vous avez mentionné que vous avez joué au tennis ce matin, les Antinarcissiques vous répondront sans doute qu'ils aiment jouer au tennis à tel ou tel club et vous proposeront de jouer avec eux un de ces jours. Le «je, me, moi» ne fait pas partie de leur vocabulaire.

Mark et Ken parlaient du mariage en général. Soudain, Ken a remarqué qu'à certains moments de la conversation Mark fronçait les sourcils. Du fait qu'il s'intéressait à Mark en tant que personne, Ken a vu que les expressions faciales malheureuses apparaissaient chaque fois que la conversation portait sur la femme de ce dernier. Mark a fini par reconnaître qu'il éprouvait des difficultés conjugales. Vu la compassion de Ken, le fait qu'il n'a parlé de ses propres expériences conjugales que dans la mesure où elles concernaient celles de Mark et l'attention qu'il a prêtée aux réactions verbales et non verbales de celui-ci, Mark a senti qu'il pouvait lui parler encore plus intimement de ses problèmes et a fini par lui demander s'il ne pouvait pas lui conseiller un bon thérapeute, pour lui et pour sa femme.

Les Antinarcissiques sont des êtres extraordinaires parce qu'ils ne sont pas absorbés par leur propre être. Ils ne sont jamais consumés par eux-mêmes. Ils ne vous ennuient jamais avec les détails de leur vie ; au contraire, ils vous accordent toute leur attention. Du fait qu'ils s'intéressent à vous, vous ne pouvez faire autrement que de vous intéresser à eux, ce qui entraîne la réciprocité dans la relation et une amitié plus solide.

3. Les Généreux

Les personnes extraordinaires sont toujours
généreuses dans leurs actes et dans leurs paroles,
et toujours disposées à en faire plus pour aider les autres.

J'ai lu dernièrement dans le *New York Post* la manchette suivante : « Le médecin aidera la victime défigurée. » Les larmes me sont montées aux yeux quand j'ai lu l'article : à un arrêt d'autobus, un jeune mannequin de 17 ans avait été défiguré avec un rasoir par un agresseur raciste. Les 40 points de suture qui avaient été requis pour refermer les plaies de Gia Grante, Miss Junior Teen New York, lui avaient apparemment laissé de vilaines cicatrices sur tout le visage. En poursuivant ma lecture, j'ai découvert que le médecin de Manhattan qui lui avait offert d'atténuer gratuitement ses cicatrices n'était nul autre que mon ami et collègue, le Dr Robert Vitolo, spécialiste de la chirurgie esthétique, avec qui je partage un bureau à Manhattan. J'étais touchée, mais non surprise, parce que le Dr Vitolo est un homme généreux qui fait toujours un effort particulier pour venir en aide aux gens. Il va bien au-delà de ses devoirs de médecin. Par exemple, l'une de ses clientes était frustrée de ne pas pouvoir se trouver un emploi de mannequin. Il l'a présentée à un agent de premier plan qu'il connaissait, et la jeune femme travaille maintenant régulièrement. Ce ne sont là que deux exemples des choses magnifiques et généreuses qu'il fait tous les jours pour les autres, sans attendre rien d'autre en retour que l'harmonie et l'amitié.

Les personnes extraordinaires ne se contentent pas d'aider les autres lorsque cela leur convient. Elles prennent le temps nécessaire et se donnent du mal pour les aider.

Lorsque Jeanne a appris que Jonathan s'était cassé la jambe, elle lui a offert de faire ses courses. Il ne s'agissait pas pour elle d'acheter quelques articles de plus la prochaine fois qu'elle irait au marché. Non. Elle s'est rendue dans la ville voisine pour acheter à Jonathan les aliments naturels qu'il consommait généralement. Elle n'a pas compté son temps ni ses efforts pour faire ce qu'elle savait que Jonathan apprécierait vraiment.

Le grand dramaturge Henrik Ibsen a écrit : « Mille paroles ne laisseront jamais une impression aussi profonde qu'un seul geste. » En plus d'être généreuses dans leurs gestes, les personnes extraordinaires le sont dans leurs paroles. Elles ne ménagent pas compliments, éloges et commentaires positifs. Elles en font à des personnes qu'elles ne connaissent même pas.

Claudia et son amie Michelle promenaient un jour leurs chiens lorsqu'un couple très élégamment vêtu a traversé la rue. Les voyant s'approcher, Michelle a murmuré qu'elle trouvait l'homme et la femme très chic. Une fois le couple arrivé à sa hauteur, elle s'est tue et a regardé de l'autre côté. Claudia, elle, a regardé le couple, a souri et a dit : « Que voilà un beau couple ! » L'homme et la femme l'ont remerciée, en riant doucement et en se serrant encore plus l'un contre l'autre. Le compliment sincère de Claudia a fait en sorte que le couple s'est senti heureux et encore plus uni qu'avant.

Les Généreux sont des êtres extraordinaires parce qu'ils ne sont pas égoïstes et qu'ils se donnent du mal pour être bons et serviables, sans rien attendre, ou si peu, en retour. Ils ne sont pas nécessairement conscients du fait qu'ils rendent le monde meilleur.

4. Les Non-Juges

Les personnes extraordinaires ont l'esprit ouvert et sont souples.

Les personnes extraordinaires ont toujours une attitude ouverte face aux personnes qu'elles rencontrent pour la première fois ou aux nouvelles idées. Elles sont disposées à expérimenter. Elles ne laissent pas les préjugés et les idées préconçues teinter ce qu'elles pensent des autres. Elles acceptent volontiers de leur donner le bénéfice du doute.

Même si elles ont entendu des choses négatives au sujet de quelqu'un, elles ne se laissent pas influencer, préférant se faire leur propre idée.

L'enfance de Daphné s'était écoulée à l'abri des soucis. Sa famille lui avait enseigné à éloigner de sa vie les personnes qui n'étaient pas comme elle. Elle n'avait le droit de fréquenter que des membres de son groupe ethnique et de sa religion. Après avoir gagné une bourse nationale de mérite scolaire, elle a été sollicitée par quelques grandes universités. Même si ses parents s'opposaient à ce qu'elle quitte le foyer, elle leur a tenu tête. Ils ne pouvaient pas se permettre de refuser une offre aussi alléchante de scolarité gratuite, mais ils craignaient le fait que Daphné allait se trouver parmi d'«autres genres» de personnes — qui risquaient de l'influencer et de la détourner de sa religion et de ses traditions. Leurs craintes étaient fondées. Quatre ans plus tard, à sa sortie de l'université, Daphné était une nouvelle femme, une personne extraordinaire affranchie des préjugés que ses parents lui avaient inculqués par pure ignorance. Ayant compris que la religion, la couleur ou l'origine ethnique d'un individu n'a aucune importance, elle a trouvé stupide et ridicule de fermer sa vie à quelqu'un pour la seule raison que les ancêtres de cette personne avaient peut-être combattu ses ancêtres à elle plusieurs générations auparavant. Elle a compris que la haine qui sévit dans le monde était due en grande partie à l'ignorance et à la stupidité qui poussent les gens à exclure les autres, pensant qu'ils sont les seuls à mener une bonne vie et à pratiquer la bonne religion. Vu la réaction extrêmement toxique (presque physiquement violente) de son père à son nouveau point de vue, Daphné a quitté le foyer pour de bon. Elle mène sa propre vie en voyageant de par le monde, en peuplant son royaume de gens de toutes origines qui enrichissent sa vie.

Une personne extraordinaire ne juge pas les autres en fonction de la vie qu'ils mènent. Elle croit sincèrement que, si cette vie les rend heureux et ne fait de mal à personne, tant mieux! Elle ne juge pas non plus les gens en fonction de leur orientation sexuelle.

Sabina Basch, propriétaire de l'agence A Plus Models, l'une des agences de mannequins les plus populaires de New York, m'a confié que le lancement de son entreprise avait été le cadeau le plus précieux qu'elle eût reçu dans sa vie, parce qu'il lui avait appris à ne jamais juger un individu. Avant de lancer son entreprise, avoue-t-elle, elle avait, elle aussi, nourri des préjugés contre les personnes «différentes». Elle n'arrivait pas à comprendre comment un homme pouvait se travestir. Elle se demandait pourquoi un homme voudrait se maquiller — ou porter une robe —, jusqu'à l'époque où elle a commencé à rencontrer beaucoup de travestis à son travail. Elle s'est alors rendu compte que c'étaient des gens comme les autres, qui avaient des sentiments, des émotions et une sensibilité.

Elle avoue aussi qu'elle jugeait mal les obèses, jusqu'à ce qu'elle en rencontre beaucoup qui étaient bien dans leur peau et qui s'aimaient eux-mêmes malgré les prétendues valeurs de la société. L'agence de Sabina représente aujourd'hui toutes sortes de «mannequins»: bébés, travestis, femmes ou hommes tatoués ou percés, nains et top-models, adolescents et personnes handicapées sur le plan physique ou intellectuel. L'entreprise qu'elle dirige lui a ouvert un nouveau monde; elle fait aujourd'hui connaître son point de vue — aimer les gens au lieu de les juger — régulièrement durant les émissions de télévision auxquelles elle participe chaque année.

Les Non-Juges sont des êtres extraordinaires parce qu'ils s'acceptent eux-mêmes et qu'ils acceptent les autres. De plus, la souplesse de leurs opinions et leur ouverture face aux personnes qu'ils rencontrent pour la première fois et aux nouvelles idées ou expériences leur permet d'être souples dans leur façon de mener leur vie.

5. Les Élogieux

*Les personnes extraordinaires ne disent
jamais du mal des autres.*

Paul Bloch, coprésident du conseil d'administration de la société Rogers and Cowan Inc., est depuis vingt-cinq ans l'un des publicitaires les mieux cotés de Hollywood. Il a travaillé pour des vedettes comme Sylvester Stallone, Bruce Willis et John Travolta. L'une des raisons qui font que tout le monde respecte Paul Bloch et a confiance en lui (dans une industrie souvent polluée par les ragots malicieux et les calomnies), c'est qu'il ne dit jamais du mal de personne, jamais au grand jamais. Dans une réunion où tout le monde potine sur telle ou telle personne «toxique», Paul ne dira rien de négatif, quoi qu'ait fait la personne en question. Il pourrait s'agir d'un client horrible, difficile et venimeux, mais Paul ne reniera jamais le principe dont il dit qu'il lui a été inculqué par sa mère lorsqu'il était enfant: «Si tu ne peux dire rien de bien sur une personne, alors ne dis rien du tout.» La plupart d'entre nous ont entendu ce précepte durant leur enfance, mais seules les personnes extraordinaires le mettent en pratique. Si elles ont le sentiment que telle ou telle personne est «toxique», elles ne le diront pas en public.

Les Élogieux passent généralement leur temps à vanter les mérites des autres. Ils parleront à tous ceux qu'ils connaissent ou qu'ils rencontrent pour la première fois de leurs «amis extraordinaires», faisant leur éloge chaque fois qu'ils en ont l'occasion. Les Élogieux sont des personnes extraordinaires parce qu'ils éprouvent une affection authentique pour les gens. Conscients qu'ils risquent de blesser les autres, ils se refusent à entacher la réputation de qui que ce soit. Ils sont également extraordinaires parce qu'ils concentrent généralement leur attention sur les qualités des autres, sans guère accorder d'attention à leurs défauts.

6. Les Dignes

*Les personnes extraordinaires s'aiment
et se respectent vraiment.*

Il ne vaut pas la peine de dire à une personne extraordinaire quelque chose de négatif sur elle-même parce qu'elle ne le croirait tout simplement pas. Du fait qu'elles s'aiment et se respectent, les personnes extraordinaires ont confiance en elles, ce qui déteint sur les autres. Comme elles ne se laissent jamais traiter autrement qu'avec respect et dignité, elles ne sont jamais des victimes ni des masochistes. Si quelqu'un les traite d'une façon qui ne leur plaît pas, elles le lui disent carrément et vont même jusqu'à l'exclure de leur vie. Si les personnes extraordinaires sont généralement si gentilles et si respectueuses des autres, c'est parce qu'elles les traitent comme elles voudraient qu'on les traite.

Personne n'a donc été surpris lorsque Christina a refusé d'être traitée d'une manière sarcastique. Comme il ne lui viendrait jamais à l'idée de traiter quelqu'un de la sorte, elle s'attend qu'on lui accorde le même respect. Lorsque Gray lui a fait une remarque injustifiée et sarcastique, elle l'a relevée immédiatement et lui a demandé des explications. Gray a cherché ses mots, marmonné une défense boiteuse, puis a fini par s'excuser.

Les Dignes sont des êtres extraordinaires parce qu'ils s'aiment sincèrement, qu'ils sont généralement chaleureux, amicaux et ouverts. On les voit souvent marcher dans la rue le sourire aux lèvres, regardant les autres dans les yeux et les saluant, même s'il s'agit d'inconnus. Conscients de l'existence des autres, ils semblent toujours optimistes et de bonne humeur parce que l'abondance des sentiments positifs qu'ils éprouvent pour eux-mêmes se traduit par une attitude avenante et amicale envers les autres.

7. Les Attentionnés

Les personnes extraordinaires se souviennent
des petites choses qui comptent quand il s'agit
de relations humaines.

Debbie a eu une fausse couche qui l'a laissée désemparée. Melinda savait qu'elle ne pouvait rien faire pour alléger la souffrance de sa chère amie Debbie, mais elle s'est rendue disponible pour elle jour et nuit; Debbie pouvait lui téléphoner chaque fois qu'elle se sentait déprimée sans s'inquiéter de la déranger. Sachant que les massages pouvaient être efficaces et réconfortants, Melinda lui a procuré une kinésiste qui est allée la masser chaque jour. Elle lui a aussi envoyé, à ses frais, une cuisinière pour lui préparer ses repas deux fois par semaine, afin que Debbie soit moins tendue. Melinda incitait son amie à consulter un thérapeute qui lui serait encore plus utile qu'elle. Melinda veillait aux petites choses dans la vie de Debbie pour que cette vie soit non seulement plus confortable mais aussi plus détendue. Debbie éprouve beaucoup d'amour et de reconnaissance pour Melinda. Grâce à cette attention aux détails qui échappent à la plupart des gens, leur amitié a pris une nouvelle dimension. Debbie a compris à quel point Melinda était une vraie amie et se souciait d'elle.

Les personnes extraordinaires font souvent un effort particulier pour se rappeler les petits détails qui concernent quelqu'un: sa couleur préférée, sa date d'anniversaire, ce qu'il aime et ce qu'il déteste. Même s'il était atteint d'un cancer incurable, le cinéaste Louis Malle a pris la peine de s'occuper de tels détails avant de mourir. Il s'est rappelé qu'un jour où ils faisaient du lèche-vitrine ensemble, sa femme, Candice Bergen, avait admiré un bracelet. Sur son lit de mort, il a téléphoné au bijoutier et acheté le bracelet. Il a demandé que, après sa mort, le bracelet soit envoyé à sa femme le jour de l'anniversaire de celle-ci, ce qui révèle combien extraordinaire était cet homme.

Les Attentionnés se souviennent des détails qui vous rendent heureux. Ce faisant, ils vous montrent qu'ils vous apprécient et qu'ils veulent vous faire plaisir. Par exemple, Don savait que Marlène collectionnait les théières et que sa couleur préférée était le jaune. Il a fait l'effort de lui trouver une théière jaune et lui en a fait cadeau — sans aucune autre raison que celle de lui dire qu'il l'appréciait et qu'elle comptait beaucoup pour lui. Ce geste l'a fait aimer de Marlène et a marqué un point tournant dans leur relation.

Les Attentionnés sont des êtres extraordinaires parce que, dans une relation, leur but est de faire plaisir aux autres. Ils renforcent constamment l'estime personnelle des autres. Ils sont généreux et inventifs. Ils apprécient les belles choses de la vie et essaient de rendre aux autres la vie plus facile et plus riche.

8. Les Honnêtes

Les personnes extraordinaires sont honnêtes
et directes.

Parmi les gens d'affaires les plus extraordinaires du monde, certains doivent la pérennité de leur entreprise à la façon honnête et équitable dont ils ont toujours traité les autres. Bon nombre des grands motivateurs — de Norman Vincent Peale jusqu'à Zig Ziglar — sont conscients de l'importance d'être honnête et intègre, et ils croient que la plus grande richesse de l'individu, c'est le prix de sa parole.

Les personnes extraordinaires tiennent parole. Lorsqu'elles disent qu'elles vont faire quelque chose, elles le font! Vous pouvez toujours compter sur elles pour arriver à l'heure à leurs rendez-vous, pour respecter les échéances et pour vous donner l'heure juste. N'entretenant jamais l'ambiguïté, elles disent toujours la vérité. Si elles sont dans l'impossibilité de remplir l'une de leurs promesses, ou si leur plan échoue, elles n'inventent pas d'excuses: elles vous disent la vérité.

Les personnes extraordinaires ne sont pas artificielles, ne racontent pas de balivernes et n'essaient pas de manipuler les autres. Directes et franches, elles s'efforcent toujours de dire et de faire ce qu'il faut.

Le producteur de films Arnold Kopelson, gagnant d'un Oscar, est à l'origine de films mémorables comme *Platoon, Le Fugitif,*

L'Épidémie, *Seven*, *Eraser* et *Mad City*. Il est l'un des rares poids lourds hollywoodiens à être aimé et respecté de tous. Réalisateurs, acteurs, dirigeants de studios et investisseurs sont tous désireux de faire des affaires avec lui parce qu'il est honnête et fiable. Lorsqu'il dit qu'un film sera achevé dans les délais prévus, ou dans les limites d'un certain budget, c'est ce qui arrive. Lorsqu'il promet à quelqu'un qu'il va l'aider, il le fait. Dans un univers fondé sur l'illusion, sur les belles paroles et sur l'exagération, Arnold Kopelson est un oiseau rare ; tous ceux qui entrent en contact avec lui en conviennent, et ils apprécient son honnêteté, son sens de l'équité et le respect qu'il témoigne à l'être humain.

Certains aimeraient faire des affaires et s'associer avec l'Honnête parce qu'ils sentent qu'ils peuvent lui faire confiance. Cette confiance rassure les gens sur la manière dont seront conduites les affaires (cartes sur table) et prévient les tensions qui naissent inévitablement lorsque l'une des parties s'assure que l'autre ne triche pas ou ne profite pas d'elle.

9. Les Décontractés

Les personnes extraordinaires ne se prennent jamais trop au sérieux.

Les personnes extraordinaires sont capables de se moquer d'elles-mêmes, ce qui les rend encore plus attachantes. Elles ne sont pas du genre à pontifier, à trompetter inlassablement leur point de vue sur des sujets sérieux lorsque l'attention des autres leur échappe ou que ces derniers ne se sentent pas concernés. Elles savent quand adopter un ton léger, dissiper la tension et ne pas s'énerver lorsque la situation n'évolue pas comme elles le souhaiteraient. Elles recourent à l'humour, au rire ou à une attitude enjouée pour encaisser les coups moins péniblement. Cette attitude explique pourquoi leur visage est généralement ouvert et que leurs muscles faciaux ne sont pas tendus près des lèvres (signe de colère). Par conséquent, les gens sont attirés vers ces personnes qu'ils trouvent accessibles.

Les Décontractés sont extraordinaires parce que l'absence de tension et de nervosité chez eux met à l'aise les personnes qui se trouvent en leur compagnie. Les Décontractés attirent les gens, qui trouvent contagieuse leur attitude enjouée.

10. Les Meneurs de claque

Les personnes extraordinaires sont vos partisans et vos meneurs de claque.

Du fait qu'elles ne sont ni jalouses ni envieuses, les personnes extraordinaires ont une attitude très positive envers les autres. Elles les encouragent et veulent leur bien ; c'est pourquoi elles les rassurent, surtout lorsqu'ils doutent d'eux-mêmes ou de leurs capacités. Les Meneurs de claque ne tolèrent pas que l'on s'autodénigre et s'efforcent de faire ressortir ce qu'il y a de meilleur chez les autres.

Carrie, pianiste de concert, s'autodénigrait constamment. Rien n'échappait à son regard critique, ni son apparence ni ses capacités. C'était une femme magnifique, extrêmement douée. Chaque fois que Carrie s'en prenait à elle-même, son amie extraordinaire Rosalyn se rebiffait et essayait de lui remonter le moral, de lui faire comprendre qu'elle était un être humain merveilleux. Rosalyn ne se lassait jamais de renforcer l'amour-propre de Carrie, car elle savait que cette dernière avait besoin qu'on lui renvoie une image positive d'elle-même, image qui reflétait la réalité. Rosalyn exerçant une influence positive sur sa vie, Carrie a gagné en assurance et a fini par croire en ses propres capacités et en ses qualités uniques, ce qui lui a permis de pratiquer son art beaucoup mieux (selon elle) et de rechercher de plus en plus d'occasions de se produire sur scène.

Les personnes extraordinaires jouent le rôle de meneurs de claque pour les autres en chantant leurs louanges à qui veut les entendre. Elles tissent des réseaux pour vous. Elles vous aident à lancer votre entreprise parce qu'elles ont confiance en vous. Elles pensent toujours à vous quand elles rencontrent d'autres personnes. Vanessa, une ancienne cliente extraordinaire que j'ai traitée il y a une dizaine d'années, m'a envoyé bon nombre de clients au fil des ans. Ayant le sentiment que notre travail ensemble l'a aidée à améliorer sa qualité de vie, elle n'a jamais oublié nos séances et toutes les choses précieuses qu'elle a apprises durant son traitement. Vu qu'elle est satisfaite, elle veut que les gens qui peuplent sa vie connaissent les mêmes expériences positives qu'elle. C'est pourquoi Vanessa a dirigé vers mon cabinet d'innombrables clients, tout en chantant mes louanges, ce dont je lui suis reconnaissante.

Les Meneurs de claque sont des êtres extraordinaires parce qu'ils ont tendance à vous communiquer leur énergie. Du fait qu'ils vous soutiennent, vous vous sentez motivé à donner le meilleur de vous-même. Du fait qu'ils apprécient la personne que vous êtes, ils vous renvoient une image positive de vous-même, ce qui vous permet de vous apprécier beaucoup plus.

11. Les Lucides

Les personnes extraordinaires pensent d'abord aux sentiments des autres et savent exactement ce qu'elles doivent dire dans les périodes fastes comme dans les périodes difficiles.

Les Lucides sont toujours parfaitement conscients de leur environnement et de ce qui s'y passe. Grâce à cette qualité, ils ont moins d'accidents et sont moins souvent victimes de crimes que les autres; en outre, ils sont toujours à l'affût des signaux verbaux et non verbaux que leur lancent leurs interlocuteurs. Les Lucides font rarement des gaffes ou de faux pas: ils ne disent jamais par accident des choses déplacées ou blessantes aux autres. Ils savent quand parler et quand se taire.

Comme l'Antinarcissique, le Lucide respecte les bonnes manières, l'étiquette et, plus important encore, les sentiments des autres. Il est conscient de leur état mental et affectif, des crises qu'ils traversent. Le Lucide applique la Règle d'or: il fait aux autres ce qu'il voudrait que les autres lui fassent. Il est attentionné, constant et généreux. En raison de l'acuité de sa conscience, il se rappelle facilement le visage et le nom des personnes qu'il rencontre, de même que les sujets de conversation abordés. Il offre un précieux soutien à l'autre. S'il doit donner des instructions ou des conseils, il annonce généralement ce qu'il va dire de la façon suivante: «Je vous donnerai mon opinion là-dessus si cela vous intéresse» ou encore «Puis-je vous donner un conseil?» Chaque fois qu'il donne un conseil, il le fait avec amour et avec une attitude positive. Il se comporte selon la réaction de son interlocuteur, en la respectant toujours.

Gustave savait que son frère Georges commettait une grave erreur en épousant Ariane, que tout le monde soupçonnait d'être une aventurière. Il savait également qu'il ne devait même pas tenter de dissuader son frère puisque ce dernier était tout à fait décidé. Parfaitement lucide au sujet de la position de Georges, Gustave lui a dit : « Tu sais, Georges, si quelqu'un venait me dire la veille de mon mariage de ne pas épouser ma fiancée, je lui flanquerais mon poing sur la gueule. Petit frère, je te donne l'occasion de le faire : vas-y, frappe-moi ! »

Tous deux ont pouffé de rire ; Gustave avait réussi à briser l'armure de Georges. Ce dernier s'est détendu, et les deux frères se sont jetés dans les bras l'un de l'autre. Le bras encore sur l'épaule de Georges, Gustave a dit : « Je t'aime, non pas parce que tu es mon frère, mais parce que tu es devenu qui tu es, un homme honorable que je respecte et admire. Tout ce que je souhaite, c'est ton bonheur. Mais tu n'es pas très heureux avec Ariane depuis que tu as commencé à la fréquenter il y a deux ans. »

Gustave a vu Georges écarquiller les yeux et froncer les sourcils, ce qui indiquait qu'il y avait une part de vérité dans les propos de Gustave. À l'affût d'une réaction physique chez Georges, Gustave a poursuivi : « Je sais que tu as été infidèle à Ariane depuis le début. Tu dois te demander pourquoi tu as envie de fréquenter d'autres femmes alors que tu es censément amoureux d'elle. De plus, vous vous disputez continuellement. La situation entre vous devrait être tout autre. Parfois, j'ai l'impression que vous allez vous sauter à la gorge. Vous vous querellez pour des bêtises. Pourquoi veux-tu épouser une femme avec qui tu passeras le reste de ta vie à te chamailler, au lieu de l'aimer et de la respecter ? »

Georges lui a répondu d'une voix forte et dure : « Gustave, je ne veux pas vraiment l'épouser. J'ai l'impression d'y être contraint. Elle m'a donné un ultimatum : je dois l'épouser ou l'oublier à tout jamais. Maintenant que les deux familles sont informées et qu'Ariane a acheté sa robe de mariée, je ne peux plus reculer. »

Les deux hommes se sont regardés. Georges avait l'œil humide lorsque Gustave lui a dit : « Suis ton instinct. Fais-toi confiance. Tu es assez intelligent pour savoir que tu ne peux passer le reste de ta vie à te quereller et à souffrir rien que parce qu'une femme s'est acheté une robe ! »

Gustave a serré Georges dans ses bras. Georges s'est mis à sangloter. Ses larmes ont tourné au rire lorsqu'il a réfléchi aux paroles de son frère. Il a poussé un soupir de soulagement : il comprenait que son instinct ne mentait pas et que Gustave lui avait dit la vérité. Soulagé, Georges a rompu ses fiançailles.

Comme Gustave était parfaitement lucide quant aux sentiments de son frère, il a pu pénétrer dans son cœur et communiquer avec lui sans manifester d'hostilité. Par conséquent, il a pu saisir les sentiments que Georges éprouvait à propos de ce mariage. Gustave a réussi parce que, durant toute sa conversation avec son frère — dans toute leur relation aussi —, il est resté conscient et clairvoyant.

12. Les Rebondisseurs

Les personnes extraordinaires se remettent plus vite que les autres d'un rejet et elles passent à autre chose.

Personne n'aime être rejeté ni sentir qu'il n'est pas le bienvenu. Les Rebondisseurs ne sont pas à l'abri du chagrin et de la souffrance; ils les éprouvent peut-être même plus intensément que les autres. Ce qui les distingue, c'est que, après un court laps de temps, ils peuvent s'affranchir de la douleur et passer à autre chose. Ils ne se complaisent pas dans leur souffrance ni ne s'apitoient sur leur sort. Ils pensent plutôt à ce qu'ils vont faire durant l'étape suivante de leur vie.

Ils refusent de s'apitoyer sur leur sort et passent à l'action. Ils se servent du rejet comme d'un outil de motivation et d'apprentissage grâce auquel ils analysent leurs propres comportements pour y découvrir comment ils ont peut-être provoqué ce rejet.

La plupart des gens qui réussissent dans la vie ont essuyé beaucoup de rejets parce qu'ils prennent plus de risques que le commun des mortels. Certaines des histoires de succès que l'on lit dans les médias sont celles de personnes qui ont subi le rejet. Mon client Michael, l'un des hommes les plus riches d'Amérique, a gagné des millions mais en a perdu aussi. Il a été accepté par beaucoup, mais rejeté par plus encore. Il m'a dit que la seule constante des rejets qu'il avait subis, c'était qu'il se relevait chaque fois quand on lui faisait un croc-en-jambe. Il ne reculait jamais. Son ambition restait intacte. Il ne s'éloignait pas de son but sous prétexte que les autres ne souscrivaient pas à son point de vue. Il s'efforçait d'essayer de nouvelles façons de réussir, et il a fini par réussir. Madonna, Oprah Winfrey, Dustin Hoffman, Sylvester Stallone et Melanie Griffith ont tous

connu les affres du rejet. Ils ont fait fi de ceux qui contrariaient systémati-
quement leurs projets, ceux qui ne croyaient pas en eux, ceux qui se mon-
traient délibérément méchants et odieux avec eux. Ils ont fait face à leur
peine et ont continué d'avancer, jusqu'à devenir des superstars.

Les Rebondisseurs sont des êtres extraordinaires parce qu'ils inspirent les autres. Ils croient profondément en eux-mêmes au point de ne
pas ressasser le rejet, mais de plutôt se concentrer sur le but à atteindre.
Ils sont une inspiration pour nous tous ; ils sont la preuve qu'il est nécessaire de continuer malgré l'adversité.

13. Les Sensibles

Les personnes extraordinaires se permettent d'être sans complexes,
ouvertes et vulnérables.

Les Sensibles ne craignent pas de montrer aux autres qu'ils sont
humains, qu'ils ont peur, qu'ils sont nerveux ou qu'ils ne sont pas
sûrs d'eux. Ils n'essaient jamais de rester impassibles, de garder leur
flegme. Au contraire. Quand ils éprouvent une émotion, ils ne craignent pas de la montrer.

Les Sensibles n'ont pas peur de ressentir douleur, chagrin ou joie.
Ils sont sans complexes dans l'expression de leur émotion, qu'il
s'agisse de colère, de peur, de surprise, de doute, de compassion ou
d'amour. Ils sont capables de s'exprimer physiquement, au moyen du
langage corporel et de l'expression de leur visage, de la parole et par
leur ton de voix.

Steve Allen, consultant en relations publiques, représente à mes
yeux le Sensible par excellence. Son ton optimiste contagieux, en personne et au téléphone, a valu à son entreprise le succès qu'elle connaît
aujourd'hui. Chaque fois que Steve téléphone aux représentants des
médias, ceux-ci ont hâte d'entendre ce qu'il a à dire parce que son
message est toujours livré de façon claire et enthousiaste. Si Steve a
été sincèrement conquis par un client, cette confiance se reflète dans
sa voix, ce qui fait que son client décroche généralement l'invitation
à l'émission de télévision que Steve visait pour lui.

Les Sensibles sont des êtres extraordinaires parce qu'ils sont capables d'adapter à leur interlocuteur leur rapport de communication. Ils

sont conscients non seulement de leurs propres émotions mais aussi de celles des autres. Cela les rend plus réceptifs et plus sensibles à l'état émotionnel de ces autres. Ce sont des personnes empathiques. Lorsque quelqu'un leur fait part d'une situation regrettable, non seulement ils éprouvent la même émotion que lui, mais ils sont en mesure de le lui manifester. Du fait que les Sensibles sont au diapason des sentiments d'autrui, les personnes de leur entourage ont tendance à se sentir plus ouvertes et plus rassurées sur le plan émotionnel.

14. Les Gagnants-Gagnants

Les personnes extraordinaires privilégient
les situations où tout le monde gagne.

Les Gagnants-Gagnants ne sont pas heureux de gagner si c'est aux dépens des autres. Ils veulent que chacun gagne. Dans leur vie personnelle et leur vie professionnelle, ils souhaitent que chacun émerge satisfait de toute situation. Ils sont disposés non seulement à prendre, mais à donner aussi. Ils ne veulent pas voir les autres malheureux, déçus ou blessés. Par conséquent, ils sont d'excellents négociateurs.

Les gens aiment faire des affaires avec Jason parce que, dans toutes les négociations, il souhaite que chacun ait l'impression d'avoir gagné quelque chose. Dans ses transactions avec les gens, il n'essaie jamais de négocier les détails sans importance ; il concentre plutôt son attention sur l'ensemble de la situation. Il a appris que le fait que ses clients émergent heureux d'une négociation vaut bien le prix minime qu'il lui en coûte pour faire en sorte que ce soit le cas. Comme ils ont l'impression qu'il a été juste avec eux, ils lui confient de nouveau leurs affaires. En outre, sa clientèle a crû de façon exponentielle parce que la plupart de ses clients dirigent vers lui leurs amis et parents.

Les Gagnants-Gagnants sont des êtres extraordinaires parce qu'ils sont généralement justes, directs et ouverts. Aucunement égoïstes, ils voient tout dans la perspective de l'autre, pas seulement dans la leur. Ils souhaitent les meilleurs résultats pour toutes les personnes concernées.

15. Les Loyaux

Les personnes extraordinaires sont loyales
et compatissantes.

Les Loyaux ne changent pas d'idée au gré du vent. Ce ne sont pas des girouettes. Leurs convictions sont profondes et ils sont constants dans leurs relations. Ces personnes n'éprouvent aucune difficulté à prendre une décision et à la maintenir. Intrépides, ils ne se laissent pas freiner par l'opinion que les autres ont d'eux. Ils sont sûrs d'eux-mêmes : ils savent qui ils sont, ils sont conscients d'avoir raison et ils savent comment se comporter dans toutes les situations.

Au cours d'une réception, Dave a entendu trois hommes dénigrer son collègue Normand. Conscient que Normand avait des problèmes et était loin d'être parfait, il n'allait pas pour autant se croiser les bras ; il fallait qu'il défende l'honneur de son collègue. Il s'est approché tout bonnement des trois hommes et leur a dit poliment qu'il n'avait pu s'empêcher d'entendre leur conversation. Même s'il comprenait leur point de vue, il souhaitait leur faire entendre un autre son de cloche. Les trois hommes ont écouté Dave attentivement ; peu à peu, leurs visages durs et tendus se sont adoucis. Leur voix aussi. À la lumière d'un autre point de vue, ils comprenaient mieux le comportement de Normand.

Il a fallu beaucoup de courage à Dave pour s'approcher des trois hommes et encore plus pour défendre un ami à l'endroit duquel la plupart des personnes présentes n'éprouvaient aucune sympathie.

Les Loyaux sont des êtres extraordinaires parce qu'ils savent ce qu'est l'engagement. Ils n'ont pas peur de défendre une personne ou une idée en laquelle ils croient. La plupart des gens les admirent parce qu'ils ont du cran et de l'échine. Si un problème surgit, les Loyaux l'affrontent de face. Par conséquent, vous savez toujours à quoi vous en tenir avec eux. Vous serez toujours promptement au fait des décisions qu'ils prennent ; ils ne vous laisseront jamais dans l'ignorance ou dans l'attente.

16. Les Diligents

Les Diligents gagnent le respect des autres parce qu'ils sont responsables, qu'ils agissent sans tarder et qu'ils n'abusent pas du temps des autres.

Lorsque les Diligents promettent quelque chose, ils agissent sans tarder. Ils ne remettent jamais à demain ce qu'ils peuvent faire aujourd'hui. Leur parole les lie. Vous pouvez toujours compter sur les Diligents. Lorsqu'ils disent qu'ils vous livreront quelque chose à 6 h du matin, ils arriveront à 6 h précises. Lorsqu'ils disent qu'ils participeront à votre soirée, ils le feront. En plus de respecter leurs engagements, les Diligents croient que faire quelque chose sur-le-champ constitue le meilleur moyen de garantir qu'elle sera faite. Parmi les personnes avec qui j'ai travaillé, certaines de celles qui réussissent le mieux dans la vie sont du type Diligent. On dit parfois que, lorsqu'on tient absolument à ce qu'une tâche soit faite, il faut la confier à la personne la plus occupée. Cela est vrai, parce que les gens les plus occupés sont ceux qui n'ont pas de temps à perdre. Ils font ce qu'ils ont à faire dès qu'on le leur demande. Nul besoin de le demander deux fois. S'ils sont trop occupés ou accaparés par une échéance, ils solliciteront l'aide d'un collègue ou d'un ami pour s'assurer que le travail sera fait.

Lorsque vous leur demandez de vous envoyer telle télécopie ou tel autre document, ils ne le laisseront pas croupir dans leur panier pendant deux semaines, mais vous l'enverront tout de suite.

L'une des raisons qui font que je travaille très bien avec mon adjointe, c'est que nous sommes toutes deux des Diligentes. Je respecte les contraintes de son horaire et elle respecte les miennes. Par conséquent, nous exécutons efficacement et agréablement nos tâches en un temps minimum. Les Diligents sont des êtres extraordinaires parce qu'ils assument leurs responsabilités, qu'ils ne déçoivent jamais l'autre ni ne lui créent stress et frustration en reportant leurs engagements ou en ne tenant pas parole. Ils le respectent et sont attentifs à ses besoins. Leur empressement à assumer leurs tâches témoigne de ce respect. Si, par quelque hasard, ils ne peuvent faire face à une échéance ou exécuter une tâche sur-le-champ, par respect pour vous, ils vous diront exactement quand ils pourront le faire.

17. Les Audacieux

*Les personnes extraordinaires n'ont pas peur
de plonger et de prendre des risques calculés
pour réaliser leurs rêves.*

Comme les personnes extraordinaires cherchent à se développer, elles ne craignent pas de faire ce qu'il faut pour y parvenir. Elles peuvent se permettre de prendre davantage de risques calculés que les autres parce qu'elles ont confiance en elles. Elles se connaissent si bien et croient tellement en elles qu'elles suivent leur instinct. Généralement, elles se rendent compte plus tard qu'elles ont eu raison.

Ron, médecin, avait un cabinet très prospère dans une petite ville, possédait une maison magnifique et jouissait d'un grand confort matériel. Mais tout cela ne signifiait rien à ses yeux. Travaillant jour et nuit, il n'avait pas une minute à lui. Un beau matin, à 40 ans, il a eu le sentiment que, même s'il semblait tout avoir, il n'avait rien. Ron n'était pas heureux. Il était toujours épuisé. Le peu de temps libre dont il disposait, il le passait à faire des courses, à se préparer pour le travail et à faire des réparations chez lui. Il avait l'impression de ne pas avoir de vie ; il voulait changer cette situation. Il a commencé par calculer combien d'argent il avait à la banque. Puis il a mis en vente sa maison, ses voitures, sa moto et tous ses autres jouets. Il a déménagé à Los Angeles dans l'espoir de devenir monologuiste. Il a pris un risque calculé, ayant déterminé qu'il avait assez d'argent pour vivre plusieurs années sans travailler. S'il avait à gagner sa vie, il savait qu'il pouvait obtenir son permis de pratiquer la médecine en Californie et se trouver un poste à temps partiel dans une salle d'urgence. Il pourrait aussi travailler sur les plateaux de cinéma, puisque les producteurs embauchent toujours du personnel médical pour les tournages d'extérieurs.

Même si Ron a pris un risque en renonçant à son cabinet, en son for intérieur il savait que tout irait bien et qu'il ne mourrait pas de faim pendant qu'il poursuivrait son rêve.

Peu après son arrivée à Los Angeles, la chance lui a souri : Ron a exécuté son numéro au cours d'une soirée de monologuistes amateurs dans un cabaret. Depuis, il se produit dans des cabarets aux quatre coins du pays. Même s'il gagne le dixième de ce que lui rapportaient ses consultations, il n'a jamais été plus heureux de sa vie.

Les Audacieux sont des êtres extraordinaires parce qu'ils trouvent le moyen de réaliser leurs rêves d'une façon intelligente et méthodique. Ils n'ont pas peur de tenter de nouvelles expériences et de prendre des risques. Ils décident de ce qu'il leur faut faire et foncent, sachant qu'ils pourront toujours se rabattre sur autre chose en cours de route. Les Audacieux sont une inspiration pour tous ceux qui ont toujours voulu prendre une autre voie dans la vie, mais qui ont peur du risque.

18. Les Non-Victimes

Les personnes extraordinaires sont conscientes de leurs points forts et de leurs points faibles et assument l'entière responsabilité de leurs actes.

Les Non-Victimes sont des réalistes. Elles sont sûres d'elles. Elles connaissent leurs forces et leurs faiblesses. Elles assument l'entière responsabilité de leur sort, conscientes du fait qu'il n'en tient qu'à elles d'être heureuses ou malheureuses. Elles ne craignent pas de se sortir des situations toxiques qui ne leur conviennent plus. Elles ne se complaisent pas à s'apitoyer sur leur sort.

Tom travaillait dans une entreprise depuis dix ans lorsqu'un nouveau patron a pris la direction de son service. Cet homme, qui manquait d'assurance et cherchait à dominer et à intimider tout le monde, faisait la vie dure à Tom. Au bout d'une semaine, Tom a compris que ses jours étaient comptés dans cette entreprise. Comme il ne voulait pas perdre les avantages sociaux qu'il y avait accumulés au fil des ans, il y a immédiatement cherché et trouvé un autre poste. Même si c'était un déplacement latéral et non une promotion, cela valait encore mieux que de rester sous le joug de son nouveau patron.

Tom a immédiatement perçu la toxicité de sa situation, a assumé la responsabilité de ses sentiments négatifs au travail et a agi sur-le-champ en allant travailler dans un autre service de l'entreprise.

Dara fréquentait Guy depuis un an. Ils s'aimaient, mais Guy ne voulait pas se marier. Il avait vécu un divorce difficile deux ans auparavant, était père de trois enfants en bas âge et ne souhaitait pas en avoir d'autres. Il devait payer chaque mois une pension alimentaire substantielle pour son ex-femme et leurs enfants. Après avoir écouté les explications de Guy, Dara a décidé de cesser de le harceler pour qu'il l'épouse. Elle l'aimait. Il l'aimait. Ils étaient heureux ensemble en union libre. En s'affranchissant de son envie de se marier et en acceptant l'amour que lui témoignait Guy, Dara a résolu son problème. Elle a pris la décision éclairée de rester auprès de Guy, décision qu'elle n'a jamais regrettée.

Les Non-Victimes sont des personnes extraordinaires parce qu'elles assument l'entière responsabilité de leur vie et ne blâment pas les autres si elles sont malheureuses. Si elles sont insatisfaites d'une situation, elles savent qu'il n'en tient qu'à elles de la changer. Elles sont adultes et prennent des décisions en adultes. Elles ne s'apitoient pas sur leur sort ni n'imposent aux autres le poids de leurs problèmes. Cependant, elles permettent à d'autres personnes extraordinaires d'entrer dans leur vie, et elles ne repoussent pas les gens qui essaient de leur donner des conseils utiles et positifs.

19. Les Enthousiastes

Les personnes extraordinaires ne se reposent jamais sur leurs lauriers. Elles vivent sans cesse leurs passions.

Les Enthousiastes ne vivent pas dans le passé. Qu'ils aient fait de bonnes ou de mauvaises choses, ils continuent d'avancer parce qu'ils cherchent à se développer. Ils vivent dans le présent mais sont motivés par l'avenir. Dans tout ce qu'ils entreprennent, ils manifestent entrain et passion. Ils aiment la vie et la vivent au maximum. Comme les Audacieux, les Non-Victimes, les Diligents, les Rebondisseurs et les Dignes, ils poursuivent leurs rêves. Ils saisissent à deux mains tout ce que la vie peut leur offrir. Fred Dalton est un Enthousiaste que j'admire et respecte profondément. Il ne s'est jamais reposé sur ses lauriers, même s'il aurait pu le faire. Après avoir terminé avec distinction ses études de droit à l'Université Vanderbilt, il est devenu le plus jeune procureur dans l'affaire Watergate et l'un des plus grands avocats du pays, avec des bureaux à Nashville, à New York et à Washington. Non content de ces réussites, il s'est lancé dans une nouvelle aventure : être acteur à Hollywood. Il est devenu l'un des noms les plus sollicités par les réalisateurs, apparaissant dans de nombreux films à succès, comme *The Hunt for Red October* et *In the Line of Fire*. Là encore, il ne s'est pas reposé sur ses lauriers. Il a continué d'avancer ; aujourd'hui, il est sénateur à Washington, où il représente l'État du Tennessee.

Tout comme les personnes extraordinaires se remettent vite d'un échec, elles se remettent vite de la réussite. Même si elles sont fières d'elles-mêmes et de leurs réalisations, elles se servent de ces dernières pour atteindre l'étape suivante de leur vie et de leur développement. Elles continuent de se développer en avançant, en réalisant autre chose et en donnant le meilleur d'elles-mêmes. Comme les Non-Juges, les Enthousiastes sont également disposés à suivre le courant. Ils ne sont ni névrosés ni rigides ; les situations n'ont pas besoin de toujours évoluer dans le sens qu'ils souhaitent pour qu'ils soient heureux. Chaque fois qu'un échec les stresse, ils se rappellent à eux-mêmes qu'ils doivent suivre le courant : il y a des choses qu'ils peuvent changer et des choses qu'ils ne peuvent pas changer. Ils ne se laissent pas décontenancer ni décourager par ces dernières.

Les Enthousiastes sont des êtres extraordinaires parce qu'ils tirent une telle joie de la vie que leur attitude est souvent contagieuse. Leur conversation et leur compagnie sont intéressantes et stimulantes. Leur esprit travaille constamment ; ils sont toujours prêts à passer à l'action ou à se lancer dans une nouvelle aventure. Ils ne s'apitoient jamais sur leurs malheurs, trop occupés qu'ils sont à vivre — et à contribuer à la joie et à la beauté de la vie des autres.

20. Les Recruteurs

Les personnes extraordinaires recrutent
ceux qui peuvent les aider à atteindre leur but
et leur rendent la pareille.

Les Recruteurs sont conscients d'avoir besoin de l'aide des autres pour réaliser leurs rêves ; ils essaient donc de recruter ceux qui croient en eux et en leurs buts. Ils sont crédibles, sincères et passionnés quand ils parlent de leurs buts et de leurs croyances.

Comme les trois mousquetaires, leur devise est : « Tous pour un et un pour tous. » Même s'ils saisissent toutes les occasions qui s'offrent à eux, cela ne veut pas dire qu'ils se servent des gens : ils ne sont ni égoïstes ni manipulateurs, et ils apprécient les efforts des autres. Comme les Gagnants-Gagnants, d'une situation donnée, ils veulent que chacun sorte gagnant.

Les Recruteurs essaient d'obtenir l'aide de l'autre en l'incitant à comprendre et à apprécier leurs buts. Si celui qu'ils recrutent ne fournit pas l'aide escomptée ou s'il se révèle négatif ou peu concerné, les Recruteurs limitent immédiatement les dégâts et cherchent ailleurs. Ils se tournent vers une autre personne qui croit en eux et qui partage leurs buts. Comme les Rebondisseurs, les Recruteurs ne perdent pas un temps fou à se demander pourquoi quelqu'un leur a fait du tort, a pris parti contre eux ou les a rejetés. Du fait qu'ils ont des qualités de Non-Victimes, les Recruteurs passent à autre chose sans douleur.

Le métier d'acteur est sans doute le plus difficile de tous. Ce n'est pas jouer la comédie qui est difficile, mais trouver les gens qui croient en vous, une équipe qui prenne votre parti et qui vous soutienne pendant longtemps.

J'ai connu un homme qui est arrivé en Californie avec une veste, deux chemises, un jean et 200 dollars en poche. Il vivait dans sa voiture et occupait trois emplois pour pouvoir réaliser un jour son rêve de devenir acteur. Même s'il arrivait à peine à joindre les deux bouts, il restait optimiste et faisait tout ce qu'il pouvait pour raffiner son jeu : il suivait des cours d'art dramatique, améliorait sa voix en travaillant avec moi, et allait quotidiennement au gymnase (pas seulement pour faire de l'exercice, mais aussi pour pouvoir prendre une douche tous les jours). Il pouvait se payer tout cela grâce aux petits jobs qu'il faisait à gauche et à droite. Non seulement il était déterminé et travailleur, mais c'était un être très attachant. Il souriait et avait toujours un mot gentil pour chacun, malgré toutes ses difficultés.

Je le respectais tellement que je l'ai présenté à un agent qui s'est montré immédiatement intéressé. Peu après, son professeur d'art dramatique, qui l'aimait bien et le respectait, lui a fait rencontrer un réalisateur qui distribuait les rôles de son film. Celui-ci lui en a confié un sur-le-champ ; ensuite, ayant trouvé agréable et facile de travailler avec lui, il l'a retenu pour un autre film. Par la suite, l'agent du jeune homme a cru encore davantage en lui et lui a obtenu des auditions de plus en plus nombreuses. Ce jeune homme a fini par devenir une superstar.

Pourquoi tant de gens, dont je suis, étaient-ils disposés à rendre service à ce jeune homme, à lui ouvrir des portes, à l'aider à réaliser ses rêves? Parce qu'il était un Recruteur, qui savait comment attirer des personnes extraordinaires dans sa vie.

Il en a été de même pour une actrice populaire et son agente.

Cette actrice est peut-être la personne la plus extraordinaire que j'aie jamais rencontrée de ma vie. Elle possède la plupart des vingt traits caractéristiques des personnes extraordinaires. Elle est le symbole même du Recruteur: on ne peut s'empêcher de faire tout en son pouvoir pour l'aider. Son agente est tout aussi extraordinaire qu'elle. Elle a découvert ma cliente et a cru en elle et en ses objectifs dès le départ; elle l'a aidée et encouragée dans les moments difficiles. Aujourd'hui, elle peut récolter le fruit de ses efforts; l'actrice apprécie le soutien que lui a apporté son agente dans le passé et le lui rend au centuple.

Les Recruteurs sont des êtres extraordinaires parce qu'ils ont une envie passionnée de stimuler les gens, de les guider et de les émouvoir. Ce sont des meneurs qui rassemblent et aident ceux qui veulent bien les suivre.

Leur ouverture et leur sincérité incitent les autres à les aider. Et ce qui les rend si uniques, c'est leur loyauté: ils apprécient et récompensent ceux qui font partie de leur équipe. Ils rendent aux autres ce qu'ils ont reçu d'eux — au centuple.

La bonne humeur contagieuse

Tout comme le fait de vous trouver en présence d'une personne toxique peut vous mettre de mauvaise humeur, la compagnie d'une personne extraordinaire vous mettra souvent de bonne humeur. Cela est particulièrement vrai dans le cas des gens qui sont très sensibles aux autres, parce que ces gens ont tendance à imiter ou à refléter le ton, la gestuelle et les expressions faciales des personnes extraordinaires.

Lorsque Tammy fréquentait l'école secondaire, elle était désorganisée et, d'apparence négligée, elle semblait toujours de mauvaise humeur et avait une attitude très négative. Elle avait peu d'amis et n'obtenait que des notes moyennes. Tout cela a changé lorsqu'elle est allée à l'université et qu'elle y a partagé une chambre avec Angela. Cette dernière était une jeune femme merveilleuse, dont la chaleur et l'esprit positif ont eu un effet profond sur l'attitude de Tammy. Tammy cherchait à ressembler à Angela et se sentait bien dans sa peau chaque fois qu'elle était en sa compagnie. Les jeunes gens qui avaient connu Tammy à l'école secondaire et qui fréquentaient la même université n'en croyaient pas leurs yeux. Tammy souriait et saluait les étudiants qu'elle croisait dans les corridors, ce qu'elle n'aurait jamais fait auparavant. Elle était plus studieuse et plus serviable, son ton était plus doux et plus agréable qu'avant. Lorsque Tammy est rentrée chez elle à Noël, personne ne l'a reconnue. Elle était belle, raffinée et, plus important encore, elle avait une attitude plus positive qu'auparavant. Angela avait exercé sur elle une influence extraordinaire et l'avait aidée à renforcer son amour-propre.

Je n'oublierai jamais l'époque où j'étais reporter spécialisée en santé, en psychologie et en image pour le journal télévisé de la station KABC de Los Angeles. Je travaillais plusieurs jours par semaine, j'avais toujours hâte de me rendre au studio et je détestais le quitter le soir parce que, quand je m'y trouvais, j'étais toujours d'une humeur exceptionnelle. En fait, tous les autres employés étaient dans mon cas. C'était une époque bénie et un endroit tout à fait spécial. L'atmosphère positive qui régnait dans ce studio explique peut-être que la station ait obtenu les meilleures cotes d'écoute du pays cinq ans de suite à l'époque où j'y travaillais.

Les gens s'appréciaient sincèrement, s'embrassaient chaleureusement pour s'encourager, dansaient, riaient et plaisantaient avant d'entrer en ondes. Chacun respectait les autres et se montrait amical, serviable et positif avec les autres : des gardiens de sécurité jusqu'au directeur général, en passant par les reporters, les rédacteurs, les cameramen, les ingénieurs du son et les autres techniciens sans exception. Nous formions vraiment une famille.

Cette expérience m'a fait sentir l'influence que peut avoir la compagnie de personnes extraordinaires, qui sont généralement positives et de bonne humeur, ainsi que le caractère contagieux de cette humeur. Si maussade que vous arriviez au studio, au bout de quelques instants vous vous rendiez compte que vous vous sentiez mieux et que vous souriiez davantage. Le soir, vous ne vouliez pas partir tant vous vous plaisiez au travail. Une fois rentré à la maison, vous restiez de bonne humeur, et pendant longtemps, parce que l'esprit positif des autres avait déteint sur vous. La productivité est plus grande, la tension moindre, et le plaisir et le bien-être décuplés lorsque l'on se trouve en compagnie de personnes qui sont habituellement heureuses et de bonne humeur.

Les personnes extraordinaires portent chance

Lorsque vous entretenez des relations avec des personnes extraordinaires, de bonnes choses commencent à vous arriver. J'ai un jour assisté à une soirée en l'honneur de Bette Midler, qui a déclaré que sa chance avait tourné dès qu'elle avait épousé l'homme extraordinaire qui partage aujourd'hui sa vie. Elle a été consacrée vedette par Hollywood, a tourné plusieurs films, a composé bon nombre de chansons à succès et est devenue la mère d'une adorable fillette.

Beaucoup de mes clients m'ont relaté des situations analogues : ils ont obtenu le poste qu'ils avaient toujours convoité et amélioré globalement leur vie en s'associant à une personne extraordinaire.

Certains croient que cette bonne fortune est attribuable à quelque facteur métaphysique ; d'autres croient qu'un être, du fait qu'il est heureux, positif, détendu et d'agréable compagnie, sera plus réceptif aux occasions en or que présente la vie.

Quoi que vous croyiez, sachez que, si un plus grand nombre encore de personnes extraordinaires peuplent votre vie, vous aurez d'autant plus de chance.

CHAPITRE 4

Comment trouver et attirer dans votre vie des personnes extraordinaires

- Ce ne sont plus les quatre premières minutes qui comptent, mais les quatre premières secondes
- L'attirance initiale
- Attirer des personnes extraordinaires grâce à votre apparence
- Attirer avec un sourire et un bonjour chaleureux des personnes potentiellement extraordinaires
- Attirer des personnes extraordinaires par votre façon de parler : ce n'est pas ce que vous dites qui compte, mais comment vous le dites
- Votre corps parle
- L'art du geste
- Votre poignée de main crée une impression immédiate
- Toucher ou ne pas toucher ? C'est là toute la question
- L'expression de votre visage vaut mille mots
- Ce n'est pas seulement la façon de parler qui compte, mais aussi ce que vous dites
- Les personnes timides sont des personnes égoïstes
- Comment avoir de la conversation : que dites-vous après avoir dit bonjour ?

D ans le présent chapitre, vous apprendrez à développer vos intérêts et vos talents particuliers, et à améliorer vos aptitudes à communiquer ; ainsi, vous serez à même d'attirer davantage de personnes extraordinaires dans votre vie.

Vu que la communication ne se limite pas aux mots, vous prendrez conscience de la portée du langage corporel (posture, gestes, expressions du visage), de l'expression verbale et de la voix. Votre langage corporel transmet beaucoup d'information aux gens qui vous entourent, et cette information peut avoir une influence marquante sur votre relation avec eux.

Vous découvrirez d'autres techniques essentielles à la création d'une vie remplie de personnes extraordinaires, telle l'élimination des relations toxiques et de la mesquinerie de votre vie. Une fois que vous vous serez débarrassé de ces forces négatives, vous aurez beaucoup plus d'énergie à consacrer à de nouvelles relations stimulantes qui vous aideront à réaliser vos rêves et, ce qui est tout aussi important, à aider les autres à réaliser les leurs.

En apprenant et en mettant en pratique les techniques requises pour entretenir ces relations, vous constaterez que le respect, la sincérité, l'appréciation, la chaleur et la bonté que vous manifestez vous seront rendus au centuple.

Ce ne sont plus les quatre premières minutes qui comptent, mais les quatre premières secondes

Il y a plus de vingt ans, l'ouvrage du Dr Leonard Zunin, *Contact: The First Four Minutes,* a suscité beaucoup de controverse. Les critiques refusaient de croire que l'on peut se faire une idée juste d'une personne en quatre minutes seulement: vous avez besoin de beaucoup plus de temps que cela; il vous faut mieux connaître la personne en question en passant du temps avec elle avant de pouvoir vous faire d'elle une idée juste.

Le Dr Zunin était certainement sur la bonne piste quand il écrivait que l'on peut évaluer une personne et se faire une bonne idée d'elle en un très court laps de temps. Aujourd'hui, grâce à la technologie des satellites qui nous montre en direct ce qui se passe dans le monde entier, on peut se faire une idée des gens en quelques secondes.

Songez à ce que nous pensons des personnes que nous voyons à la télévision: nous les aimons ou nous les détestons. Nous les jugeons gagnantes ou perdantes, menteuses ou honnêtes. En voyant ces gens un court instant sur nos écrans, nous allons même jusqu'à les étiqueter négativement: «pervers», «imbéciles» ou «manipulateurs».

Nous avons tous des opinions, que nous nous faisons souvent en quelques secondes après avoir vu ou entendu des «clips» de 30 secondes. Faut-il s'étonner alors que les premières impressions soient encore importantes et significatives? Et sommes-nous en mesure de savoir si nous attirons ou rebutons les gens que nous rencontrons pour la première fois?

L'attirance initiale

Nous nous faisons une opinion des autres en fonction de ce qui se passe en nous, de ce que nous éprouvons, de l'effet de leur présence sur nous. Nous sommes attirés par certaines personnes pour une multitude de raisons, dont la plupart sont enracinées dans notre psyché personnelle. Par exemple, vous avez peut-être une préférence pour les femmes élancées aux cheveux noirs parce qu'elles vous rappellent une gardienne que vous adoriez quand vous étiez enfant. Ce sentiment d'attirance pour ce qui est familier, pour le connu, s'appelle «imprégnation».

Carla n'est attirée que par les hommes robustes qui ont l'air de joueurs de football, parce que l'amour de sa vie, l'homme qu'elle a fréquenté durant toute son adolescence, était un joueur de football énorme. Étant elle-même plutôt corpulente, chaque fois qu'il la prenait dans ses bras, elle se sentait non seulement en sécurité, mais aussi petite et féminine. Cette relation faisait ressortir ce qu'il y avait de meilleur en elle, sur le plan de la sensualité et de la sexualité.

Son attirance pour ce type d'homme, qui s'était imprégnée dans sa psyché très tôt durant son développement sexuel, subsiste aujourd'hui. Même si elle a eu des relations intimes avec des hommes moins costauds, c'est avec des hommes au physique imposant que Carla se sent le plus excitée.

Cela pourrait aussi expliquer pourquoi les hommes, selon leur groupe d'âge et l'époque où ils ont grandi, sont physiquement attirés par certains types de femmes. Par exemple, les hommes dans la cinquantaine ou la soixantaine sont souvent attirés par des femmes aux formes généreuses et voluptueuses, comme celles qu'ils ont admirées durant les années de leur développement sexuel, des femmes comme Marilyn Monroe, Jayne Mansfield, Ava Gardner ou Jane Russell.

En revanche, les hommes dans la trentaine ou la quarantaine sont souvent attirés par des femmes minces, à l'allure de mannequin, parce que l'idéal féminin de leur génération a été symbolisé par des Twiggy, des Jean Shrimpton et autres top-models. Quant aux hommes dans la vingtaine ou le début de la trentaine, ils ont été impressionnés par les femmes athlétiques, pulpeuses mais musclées, telles Cindy Crawford et Naomi Campbell.

Il serait simpliste d'affirmer que tous les hommes de ces générations obéissent aux mêmes règles, car bien d'autres facteurs entrent en ligne de compte. Mais, généralement, l'imprégnation est un facteur extrêmement important lorsque l'on décide si quelqu'un nous attire ou pas.

Afin d'étudier plus à fond ce que les gens trouvent attirant chez les autres, j'ai interrogé une bonne centaine d'hommes et de femmes, de 16 à 67 ans, et leur ai demandé quelle était la première chose qui les attirait chez quelqu'un. J'ai reçu toutes sortes de réponses, les trois plus fréquentes étant, dans l'ordre, les yeux, le corps et le sourire. On m'a aussi répondu les seins — grosseur et forme (hommes), les dents, la personnalité, le sens de l'humour, les cheveux, les lèvres, l'air assuré, le compte en banque (femmes), l'élégance et la classe, les fesses, les cuisses, les jambes, la taille, la structure osseuse, l'intelligence et l'odeur.

Dans mon enquête, j'ai été étonnée de constater que, sur 100 personnes interrogées, aucune n'a mentionné la voix ou la façon de parler, même si des recherches révèlent que la manière dont parle une personne a un effet puissant sur nos sentiments envers elle et sur notre relation avec elle.

Poussant plus loin l'analyse de ce phénomène, j'ai entrepris une autre recherche pour laquelle j'ai recruté l'aide d'une magnifique femme dotée d'une belle voix. Celle-ci devait entrer dans une pièce et y rencontrer plusieurs personnes. Après son départ, je demandais aux hommes et aux femmes participant à l'étude ce qu'ils pensaient de cette femme et quelle cote ils lui attribueraient sur une échelle de 1 à 10. La cote globale a été de 9, mais tous les hommes lui ont décerné un 10. Voici quelques-uns de leurs commentaires: «elle a tout pour elle», «elle est non seulement brillante, mais magnifique», «elle est sexy», «elle est belle à couper le souffle» et «elle est fabuleuse».

Ensuite, j'ai accompagné la même femme dans une salle où se trouvait un autre groupe de participants. Mais cette fois-là, elle a parlé d'une voix nasillarde, geignarde et trop aiguë. Le groupe l'a trouvée beaucoup moins attirante que l'avait trouvée le groupe précédent. La jeune femme a obtenu des cotes allant de 2 à 6, des hommes comme des femmes. Voici quelques-uns de leurs commentaires: «elle n'a pas l'air trop brillante», «elle a l'air d'une ravissante idiote», «elle m'a tapé sur les nerfs» et «elle était insupportable».

Même si nous ne sommes peut-être pas conscients des raisons qui font que nous aimons ou n'aimons pas une personne, sa façon de parler est souvent la cause sous-jacente déterminant l'impression qu'elle nous fait.

L'ingrédient essentiel pour ce qui est d'attirer les autres vers vous reste votre façon de communiquer. Que cela vous plaise ou non, les gens ne vous jugeront pas seulement en fonction de ce que vous dites, mais aussi en fonction de la manière dont vous le dites. Même si nous aimerions croire que cette manière est sans importance − que les gens ne devraient nous juger qu'en fonction de notre caractère −, la triste vérité est que les gens y attachent de l'importance et qu'ils vous jugent à partir de là. Si vous communiquez mal, leur jugement influera peut-être sur leur façon de réagir envers vous et de vous traiter. Ils ignoreront sans doute pourquoi vous ne leur êtes pas sympathique, mais l'«impression des quatre premières secondes» a un effet de longue durée.

Pour ce qui est de nos aptitudes à communiquer, il n'est pas question de démocratie. Des études ont révélé que, si vous ne parlez pas bien, il vous sera plus difficile de provoquer chez les autres une réaction positive envers vous. Cela peut signifier que vous n'obtiendrez pas le poste que vous convoitez, que vous ne vous ferez pas les amis que vous voulez vous faire, et que vous ne trouverez pas le compagnon ou la compagne que vous recherchez. Ces études nous apprennent également que, si vous parlez bien, les gens vous percevront comme étant plus intelligent, plus séduisant, plus compétent, plus riche et − croyez-le ou non − moins susceptible d'avoir commis un crime dans le passé!

Mes propres recherches, qui ont servi de base à la thèse de doctorat que j'ai soutenue à l'Université du Minnesota, ainsi qu'une étude récente qui a fait époque dans le domaine de la perception de la voix et de l'apparence esthétique, prouvent sans l'ombre d'un doute que la façon de parler d'une personne est encore plus importante que son apparence.

En fait, les personnes atteintes de difformités ne sont peut-être pas perçues comme étant physiquement attirantes, mais, lorsque leur voix est agréable, celle-ci fait oublier leur apparence. On les trouve alors séduisantes. J'ai eu l'occasion de le constater durant ma formation postdoctorale au centre médical Harbor-UCLA. Dans le cadre de mes recherches, j'ai interrogé de nombreuses personnes atteintes d'anomalies congénitales tels le nanisme, la neurofibromatose (la maladie de l'homme-éléphant) et d'autres anomalies génétiques (comme celle du héros du film *Mask*, Rocky Dennis, qui a été mon client). J'ai découvert que ceux qui parlaient mieux menaient une plus belle vie que les autres.

Attirer des personnes extraordinaires grâce à votre apparence

Nul besoin de ressembler à un mannequin ou à une vedette de cinéma pour attirer des personnes extraordinaires. En fait, sans maquillage, sans coiffure et sans vêtements élégants, la plupart des mannequins n'ont pas l'air de mannequins. Il ne fait aucun doute que la façon dont vous vous présentez physiquement est importante pour ce qui est d'attirer quelqu'un au début ; mais, si vous voulez attirer des personnes vraiment extraordinaires dans votre vie, vous devrez recourir à bien autre chose qu'à votre seule apparence physique.

Personne ne peut vous dire comment vous habiller et quels vêtements porter. La mode est arbitraire ; elle varie en fonction du climat dans lequel vous vivez, de la culture de votre société et du style de vie que vous menez. Vous vous habillez différemment selon votre humeur, parfois pour être remarqué, parfois pour vous affirmer. Votre style vestimentaire évolue constamment. À notre époque, où la mode change tous les jours, si vous n'êtes pas débraillé, si vous êtes propre et sentez bon, si vous êtes soigné et si vous vous habillez en fonction de la situation, les gens vous percevront généralement positivement lorsqu'ils se feront une première impression de vous.

Attirer avec un sourire et un bonjour chaleureux des personnes potentiellement extraordinaires

Il y a bien des rencontres avec des personnes extraordinaires qui n'ont pas lieu parce que d'autres personnes extraordinaires sont trop timides ou embarrassées pour faire le premier pas.

Il existe un remède tout simple à cette inhibition : foncez ! Approchez-vous de la personne que vous aimeriez rencontrer, souriez-lui et dites-lui bonjour. C'est aussi simple que cela.

Qu'est-ce qui pourrait vous arriver de pire si vous le faites ? Si cette personne vous rejette, vous aurez à panser une petite blessure d'amour-propre. Mais à la réflexion vous comprendrez que si elle traite les autres de cette façon, c'est vraiment qu'elle a une piètre idée d'elle-même. Si son moi était sain, elle vous reconnaîtrait en tant que frère de la race humaine. Si vous considérez vos rencontres avec les autres dans cette perspective, vous n'aurez plus jamais à vous inquiéter et à vous sentir gêné d'aborder et de saluer chaleureusement les gens que vous trouvez attirants.

Les conseils que je prodigue ici, je les ai moi-même mis à l'épreuve. Ils m'ont permis de rencontrer constamment des personnes merveilleuses et intéressantes, où que j'aille.

En plus de mon bureau de Los Angeles, je viens d'ouvrir un cabinet à Manhattan, afin de me rendre disponible à mes clients sur les deux côtes. Avant mon arrivée à New York, on m'avait mise en garde : les New-Yorkais pouvaient se montrer inamicaux et impolis ; j'aurais beaucoup de peine à me lier d'amitié avec eux. Les New-Yorkais ont la réputation d'être difficiles, impolis et nombrilistes. Ce n'est absolument pas ce que j'ai constaté. Je les ai trouvés chaleureux, charmants, amicaux, serviables et complaisants. Ici encore, tout est question de perspective. Si vous visualisez la présence de personnes extraordinaires dans votre vie, vous les trouverez où que vous alliez. Si vous êtes réceptif, vous serez généralement bien reçu.

Chaque fois que je vois des gens que j'aimerais connaître, je les regarde en face, je leur souris et je leur dis bonjour. Bien entendu, certains en sont interloqués, mais la plupart me sourient en retour et amorcent la conversation avec moi. En outre, chaque fois que je constate que quelqu'un me regarde d'un air amical, je reconnais sa présence en lui souriant et en le saluant. Ce qui est très intéressant, c'est que cette attitude peut également dissuader d'éventuels agresseurs. Des études révèlent qu'il est moins probable qu'un agresseur potentiel fasse du mal à une personne si celle-ci s'est montrée amicale avec lui et si elle l'a regardé dans les yeux. Par conséquent, un simple «bonjour» pourrait être votre meilleur moyen de défense.

Attirer des personnes extraordinaires par votre façon de parler: ce n'est pas ce que vous dites qui compte, mais comment vous le dites

Selon le sondage Gallup que j'ai commandé récemment, six raisons principales expliquent pourquoi les gens pourraient être rebutés par votre façon de parler:

1. On ne vous entend pas parce que vous parlez trop bas et que vous marmonnez.
2. Votre voix est monotone, ennuyeuse et sans vigueur.
3. Vous utilisez trop d'expressions vides, comme «tu comprends», «tu sais», «n'est-ce pas» ou simplement «euh...».
4. Votre voix est nasillarde et geignarde.
5. Vous parlez trop vite.
6. Votre voix est trop aiguë.

Dans la présente section du livre, j'aborderai chacun de ces «défauts» d'élocution et vous proposerai des solutions pour les corriger. Si votre façon de parler est adéquate, vous possédez déjà un atout de plus pour découvrir des personnes extraordinaires.

Toutes les raisons énumérées ci-haut ont une composante physique et une composante psychologique. Galien, le médecin grec du IIe siècle, a été le premier à le reconnaître. Il a déclaré que ce n'étaient pas les yeux qui sont le miroir de l'âme, mais la voix et l'élocution. Au fil des ans, après avoir travaillé avec de nombreux clients, j'ai pu constater à quel point il avait raison. Ce qui se passe dans votre tête et dans votre âme se reflète souvent dans votre voix.

Parfois, il suffit de savoir comment utiliser correctement ses cordes vocales et ses muscles pour produire une bonne voix. Dans bien des cas toutefois, il existe des causes psychologiques puissantes qu'il vous faudra analyser avant de pouvoir corriger la situation, puisque ce qui se passe dans votre tête et dans votre cœur transparaît dans votre voix et dans votre façon de vous exprimer : vous parlez trop vite, trop fort ou pas assez, votre voix est trop aiguë, vous répétez certains mots, et ainsi de suite.

Si vous avez besoin d'une aide particulière pour rectifier la situation, je vous conseille vivement de consulter un thérapeute ou un professionnel de la santé mentale.

On ne vous entend pas : vous parlez trop bas ou vous marmonnez

Comment pourriez-vous communiquer ou établir un rapport avec quelqu'un si vous ne l'entendez pas ? Rien n'est plus frustrant que de parler à quelqu'un et de ne pas comprendre la moitié de ce qu'il dit. Vous le faites répéter, certes, mais l'exercice devient vite irritant. Vous en arrivez au point où, chaque fois que vous devez converser avec cette personne, vous ne l'écoutez pas ou vous vous impatientez. Inutile de dire que votre impatience se reflétera dans votre ton et dans votre réaction, ce qui embarrassera davantage votre interlocuteur et renforcera le cycle négatif.

Souvent, les gens qui marmonnent ou qui parlent trop bas ont une piètre estime d'eux-mêmes. Ils ne se sentent pas dignes d'être écoutés. Il se peut aussi qu'ils ignorent tout simplement la mécanique physique de l'élocution. Par conséquent, si vous renforcez l'estime que vous avez pour vous-même, vous serez du coup plus attirant pour les autres. Travaillez votre élocution et vous ferez un pas dans la bonne direction.

Remède contre le marmonnement

Si vous parlez d'une façon que personne ne semble comprendre, commencez par consulter un oto-rhino-laryngologiste, ainsi qu'un audiologiste. Il arrive souvent que les personnes souffrant d'une lésion au nerf auditif parlent trop bas. Si vous avez déjà consulté un médecin ou un audiologiste et que ceux-ci n'ont décelé aucune perte d'audition neurosensorielle, vous devriez faire les exercices suivants, qui vous aideront à mieux utiliser l'air que vous inspirez lorsque vous parlez et à mieux projeter votre voix, de façon à être entendu.

Technique de l'expiration

Cet exercice allongera la durée de phonation, c'est-à-dire que vous pourrez émettre un son plus long en une seule respiration. L'exercice vous permettra également de vous rappeler de vous servir de vos muscles abdominaux lorsque vous parlez.

1. En poussant vers l'extérieur vos muscles abdominaux, inspirez par la bouche pendant deux secondes. Gardez immobiles les épaules et la poitrine durant l'inspiration.
2. Retenez votre souffle pendant deux secondes puis expirez lentement par la bouche pendant environ dix secondes. Répétez cinq fois cet exercice.
3. Répétez les étapes 1 et 2, cette fois-ci en faisant le son « Ah » pendant environ cinq secondes en expirant par la bouche.
4. Répétez les étapes 1 à 3, cette fois-ci en faisant « Ah! » le plus longtemps possible. Au lieu de vous contenter d'expirer de l'air, servez-vous-en pour produire le son « Ah! ».
5. Répétez les étapes 1 à 4, cette fois-ci en faisant « Ah! » pendant cinq secondes. Transformez le « Ah! » en « Oh! », et continuez à produire ce son pendant cinq secondes encore. Les deux sons doivent être produits durant une seule et même expiration.

L'exercice vous prendra 14 secondes : aspirez par la bouche durant 2 secondes, retenez votre souffle pendant 2 secondes, expirez lentement par la bouche en produisant le son « Ah! » pendant 5 secondes, puis transformez-le en « Oh! », en continuant d'expirer pendant 5 secondes.

Répétez cet exercice cinq fois encore.

Coordination de la respiration et de la parole

La plupart des gens qui ont de la difficulté à se faire entendre manquent de l'air nécessaire pour parler, parce qu'ils ne parlent pas en expirant. Ils expirent avant de commencer à parler, comme s'ils soupiraient, et leurs paroles sont véhiculées par un très petit volume d'air. Du fait qu'ils manquent d'air pour projeter leur voix, celle-ci manque de portée et ne peut être entendue. Ils ont également tendance à inspirer rapidement de petites quantités d'air ; en plus de les fatiguer, cette habitude les empêche de projeter leur voix. L'exercice suivant vous aidera à coordonner votre respiration et votre voix.

1. Inspirez par la bouche pendant une seconde.
2. Retenez votre souffle pendant une seconde.
3. Puis parlez aussi longtemps que vous le pouvez sur cette seule expiration. Parlez lentement. Répétez cet exercice jusqu'à ce qu'il s'intègre à votre façon de parler habituelle. Quand vous parlez ainsi, vous êtes entendu, vous avez le temps de penser à ce que vous allez dire avant de le dire, votre débit est ralenti donc plus compréhensible, vous parlez sans saccades grâce à une respiration plus uniforme et, finalement, vous maîtrisez mieux votre élocution.

Utilisation des muscles abdominaux pour projeter la voix

Tout comme vous avez besoin d'un débit d'air suffisant et d'une bonne coordination entre la parole et la respiration, vous avez besoin des muscles abdominaux pour projeter votre voix. Si vous utilisez efficacement ces muscles, votre voix sera plus puissante, du fait que vous mettrez à l'œuvre vos puissants muscles abdominaux au lieu de vos muscles de la gorge, plus faibles.

Les trois exercices suivants vous aideront à renforcer et à mieux utiliser vos muscles abdominaux, ce qui augmentera la projection de votre voix.

SUR UNE CHAISE

1. Assis sur une chaise, essayez de tirer sur les bords du siège tout en restant assis.
2. Tirez et cessez de tirer cinq fois d'affilée en produisant le son « Ah ! » le plus longtemps possible. Vous aurez l'impression que le son provient de votre abdomen, où vous sentirez une légère traction ou pression. Vous entendrez aussi le son changer selon que vous tirerez sur les bords du siège ou que vous cesserez de le faire.
3. Maintenant, au lieu de tirer, poussez sur les bords du siège, puis cessez de pousser cinq fois d'affilée tout en produisant le son « Ah ! ». Une fois de plus, vous entendrez le son changer et sentirez un léger mouvement dans l'abdomen, comme cela a été le cas à l'étape 2, lorsque vous tiriez au lieu de pousser.

Les mains jointes

1. Joignez les mains en entrecroisant les doigts ; étirez les bras vers le bas.
2. Essayez de séparer vos mains en produisant le son « Ah ! » le plus longtemps possible. Vous constaterez que le son est plus fort et plus riche lorsque vous essayez de séparer les mains que lorsque vous cessez de le faire.
3. Cessez d'essayer de séparer les mains, tout en produisant le son « Ah ! ». Vous remarquerez que le son est moins fort qu'il l'était à l'étape 2.
4. Continuez de produire le son « Ah ! » pendant que vous essayez plusieurs fois de séparer vos mains. Vous verrez que le son change chaque fois que vous commencez à tirer. De plus, vous sentirez une légère pression dans l'abdomen, où les muscles se tendent et se détendent successivement. Quand ces muscles se détendent, le son devient plus faible. Quand vous essayez de séparer vos mains, ces muscles se tendent et le son devient plus fort.
5. Répétez cet exercice cinq fois.

Soubresauts abdominaux

1. Inspirez par la bouche durant deux secondes.
2. Retenez votre souffle pendant deux secondes.
3. Placez la main droite sur l'abdomen, juste sous le sternum, et faites « Ha ! » trois fois de suite durant l'expiration (comme si vous riiez).
4. Vous sentirez le son vibrer dans votre abdomen, où vous ressentirez une légère pression. Vous remarquerez également que vos muscles abdominaux sont poussés vers l'extérieur au lieu de l'être vers l'intérieur lorsque vous faites les trois « Ha ! ». De plus, le son sera plus fort lorsque les muscles abdominaux sont poussés vers l'extérieur.
5. Répétez l'exercice cinq fois.

Ces trois exercices vous aideront à concentrer votre attention sur vos muscles abdominaux. Si vous poussez ceux-ci vers l'extérieur lorsque vous parlez et que vous ressentez en même temps une légère pression dans cette région du corps, vous maîtriserez mieux votre voix et vos interlocuteurs entendront tout ce que vous direz. Ils auront davantage confiance en ce que vous dites, ce qui, en retour, vous aidera à prendre confiance en vous.

Remède contre le ton monotone et ennuyeux

Personne ne veut parler à quelqu'un qui parle d'une façon terne et ennuyeuse. Vous avez beau être de bonne humeur, si votre passion et votre enthousiasme ne se reflètent pas dans votre voix, personne ne saura que vous l'êtes. En fait, s'ils se fient à votre voix, les gens pourraient croire que vous manquez d'enthousiasme ou d'intérêt à leur égard.

Roy a rencontré une femme dont il est tombé amoureux, mais celle-ci ne l'a jamais su parce que, chaque fois qu'il lui parlait au téléphone, son ton morne donnait l'impression à sa bien-aimée qu'elle ne l'intéressait pas. Cette absence d'encouragement dans sa voix a rebuté la jeune femme; en retour, la réaction mitigée de celle-ci à l'endroit de Roy l'a rebuté lui aussi. Par conséquent, ils ne se sont jamais fréquentés, et une autre relation potentiellement réussie est morte dans l'œuf.

Après avoir travaillé avec Roy et lui avoir fait faire les exercices suivants, il a cherché davantage à traduire ses émotions dans sa voix. Plusieurs mois plus tard, par hasard, il a rencontré la même jeune femme. Il lui a parlé avec un nouvel élan dans la voix, et les yeux de celle-ci se sont allumés. Le courant a passé entre eux. La dernière fois que j'ai parlé à Roy, il m'a dit qu'elle et lui se fréquentaient encore. Elle a compris qu'il s'intéressait à elle parce qu'il le lui a finalement laissé entendre par la façon dont il lui parlait.

Désormais, quand Roy lui dit qu'il l'aime, il le fait d'un ton convaincu, passionné et chaleureux.

Les deux exercices suivants vous aideront à imprégner votre voix d'émotion et à lui donner de la souplesse.

LA TECHNIQUE DO-RÉ-MI

1. Chantez les trois premières notes de la gamme, sans forcer, en veillant à ce que votre voix reste détendue.
2. Faites glisser le «do» de deux notes en chantant «mi». Faites-le sans forcer la voix.
3. Chantez maintenant «do, ré, mi» puis «mi, ré, do» en une seule respiration.

Cet exercice vous aidera à assouplir vos muscles vocaux, et à ajouter émotion et inflexion à votre voix lorsque vous parlez aux autres.

L'EXERCICE D'ÉMOTION

Faites « Ah ! » en exprimant les dix émotions énumérées plus bas. Ne craignez pas de vous laisser aller. Pour transmettre ces émotions, essayez de vous souvenir de ce que vous avez éprouvé dans le passé : lorsque vous n'avez pas obtenu le poste que vous convoitiez ; lorsque vous êtes tombé follement amoureux de quelqu'un ; lorsque vous assistiez à un cours qui vous ennuyait à mourir. Enregistrez votre voix sur une cassette durant l'exercice. Écoutez la cassette, en observant si votre voix monte ou descend pendant que vous essayez d'exprimer telle ou telle émotion.

Faites « Ah ! » en essayant de ressentir et d'exprimer les émotions suivantes :

1. Tristesse
2. Surprise
3. Colère
4. Joie
5. Peur
6. Sympathie
7. Amour
8. Dégoût
9. Ennui
10. Doute

Avez-vous remarqué, lorsque vous exprimiez de la tristesse ou de l'ennui, que le son produit était plat et bref ? Que lorsque vous étiez heureux ou amoureux, votre ton montait et le son durait plus longtemps ? Avez-vous constaté que, lorsque vous manifestiez de la sympathie, votre ton descendait, mais qu'il était considérablement plus doux que lorsque vous exprimiez de la colère ?

Cet exercice vous aidera à incorporer ces sons dans vos conversations quotidiennes. Nombreux sont ceux qui n'aiment pas laisser paraître leurs sentiments. Eh bien ils ont tort. Lorsque vous parlez à quelqu'un, exprimez librement vos émotions. Ne parlez pas comme un ordinateur ou un robot. Ayez l'air vivant, parce que la vie est remplie d'émotions. Si vous aimez quelqu'un, manifestez-le dans votre voix. Si vous êtes fâché, que cette colère se sente dans votre voix. Si vous parlez d'une façon contraire à ce que vous ressentez, non seulement vous aurez l'esprit confus, mais vous sèmerez aussi la confusion chez votre interlocuteur. Par exemple, si vous dites à quelqu'un que vous êtes fâché contre lui d'un ton doux et monotone, il est peu probable qu'il comprendra ce que vous ressentez vraiment. Il croira que vous n'êtes pas sérieux et que tout va bien. En revanche, si vous lui exprimez votre colère en parlant plus fort, d'un ton plus saccadé, il saisira ce que vous voulez dire et ne commettra pas deux fois la même erreur.

Vous devez exprimer vos émotions de façon que vos interlocuteurs les comprennent.

Remède contre l'abus des expressions inutiles

Il est tout à fait déconcertant d'écouter des gens qui ponctuent continuellement leur discours d'expressions vides, telles «vous savez» ou «n'est-ce pas?» ou qui font constamment «euh...» tous les trois mots.

À l'université, j'ai eu jadis un professeur qui disait «vous savez» à tout bout de champ. C'était tellement gênant que c'en devenait ridicule. Les étudiants s'amusaient à compter le nombre de «vous savez» qu'il disait durant le cours. Inutile de préciser qu'il nous était difficile de nous concentrer sur la matière.

Non seulement ces «agents de remplissage» de la conversation sont gênants, mais ils risquent de donner une mauvaise impression aux gens qui manquent de perspicacité. Malheureusement, chez trop d'adolescents et de jeunes adultes, cette façon de parler est devenue populaire. Pourtant, dans les situations importantes, lorsqu'ils doivent faire bonne impression pour décrocher un emploi ou pour se faire accepter dans une université, ils se rendent souvent compte que cette façon de parler est loin d'être «hip et cool». Voici quelques moyens de chasser de votre langage ces expressions inutiles.

1. Procurez-vous un petit magnétophone afin d'enregistrer la façon spontanée dont vous parlez dans diverses situations.
2. Écoutez la cassette et comptez le nombre de fois que vous utilisez ces expressions vides. Même si cette écoute vous met mal à l'aise, elle est

nécessaire. Impossible d'atténuer ou d'éliminer une mauvaise habitude si vous n'en êtes pas cruellement conscient.

3. Chaque fois que vous parlez, faites attention à ce que vous dites, à la façon dont vous le dites. Le simple fait d'être conscient de la mauvaise habitude et d'y être attentif vous aidera à la corriger.
4. Remplacez ces expressions vides par une respiration. Inspirez par la bouche pendant une seconde, retenez votre souffle, puis remettez-vous à parler.

Ces exercices vous aideront à venir à bout de cette mauvaise habitude de recourir à des «agents de remplissage» dans votre discours. Ne soyez pas surpris si la transformation ne se produit pas instantanément. Soyez patient; continuez de vous surveiller. Rappelez-vous ceci: plus vite vous prendrez conscience de ce défaut et plus vous vous entraînerez, moins de temps il vous faudra pour vous en débarrasser. Cette technique est également efficace pour éliminer les jurons de votre vocabulaire.

Remède contre le ton nasillard

À moins d'être la célèbre Fran Drescher, vedette de la série télévisée la plus populaire des États-Unis, connue internationalement pour son ton nasillard, également auteur du best-seller *Enter Whining*, vous devez débarrasser à tout jamais votre voix de son ton nasillard. (C'était moi le Dr Glass dont Fran parle dans son chapitre intitulé «*The Rain in Spain*».)

Lorsque Fran a commencé sa carrière, j'ai travaillé avec elle pour l'aider à atténuer son nasillement. Lorsqu'elle est entrée dans mon cabinet pour la première fois, j'ai cru que quelqu'un me jouait un tour. J'ai pensé qu'elle se moquait de moi, qu'il était impossible qu'une femme si magnifique puisse parler ainsi. J'ai donc éclaté de rire en lui disant: «Bon, c'est assez. Qui vous envoie me jouer ce tour?» Lorsque j'ai compris que ce n'était pas une farce, j'ai rougi de gêne. Je ne ris jamais des clients qui viennent solliciter mon aide. Fran m'a alors déclaré que tout le monde voulait qu'elle corrige sa façon de parler afin de pouvoir décrocher davantage de rôles à Hollywood. Même si cela a été tout un défi, nous avons obtenu de bons résultats en un temps record; Fran a vite acquis l'une des voix les plus sexy, sensuelles, élégantes, modulées et articulées qui soient. Elle était mon cas le plus réussi, jusqu'à ce qu'elle se rende compte qu'elle ne pouvait trouver de travail à Hollywood sans son fameux ton geignard et nasillard. Elle a donc recommencé à nasiller et est devenue l'une des plus grandes vedettes de la télévision américaine.

La plupart des gens ont de la difficulté à endurer pendant très longtemps la personne qui nasille ainsi. En fait, le sondage Gallup dont j'ai parlé plus tôt révèle que 70 p. 100 des répondants trouvaient cette sorte de voix incroyablement rebutante.

Sauf dans les cas de difformité du palais, la plupart des gens qui nasillent le font parce qu'ils n'ouvrent pas la bouche assez grande quand ils parlent. S'ils commencent parfois à parler la mâchoire détendue et ouverte, ils la referment aussitôt et se remettent à nasiller. Les deux exercices qui suivent vous aideront à acquérir une voix moins nasale.

L'EXERCICE DU CRAYON IMAGINAIRE

Cet exercice vous aidera à distinguer les moments où vous parlez du nez des moments où vous ne le faites pas (quand vous entendez et sentez une vibration dans le nez et quand ce n'est pas le cas). Lorsque vous parlez, faites comme si vous aviez placé la gomme d'un crayon imaginaire entre vos dents arrière du haut et du bas pour garder vos mâchoires ouvertes. En réalité, c'est exactement la position que devrait avoir votre mâchoire quand vous parlez normalement, d'une façon détendue. C'est ce que l'on appelle la «position de repos» normale.

1. Imaginant que la gomme est en place, gardez la mâchoire ouverte de façon que vos dents arrière ne se touchent pas.
2. Placez le majeur et le pouce sur l'arête du nez.
3. Faites «ba, ba, ba, ba, ba» en une seule respiration.
4. Maintenant, serrez les dents de façon que vos dents arrière se touchent.
5. Répétez les étapes 2 et 3 les dents serrées.

Durant les trois premières étapes, vous ne devriez pas sentir de vibrations nasales, tandis que vous le devriez durant les étapes 4 et 5. Cet exercice vous montrera clairement la nécessité d'ouvrir la mâchoire lorsque vous parlez, afin de ne pas nasiller.

Cet exercice vous aidera à ouvrir davantage les mâchoires et à vous débarrasser du ton nasillard. Il vous apprendra aussi à utiliser les muscles de votre bouche — au lieu de votre nez — pour parler.

Ouvrez les mâchoires et faites comme si vous mastiquiez les sons suivants, dix fois de suite :
a) ya ya ya ya ya ya ya ya ya ya
b) yo yo yo yo yo yo yo yo yo yo
c) yi yi yi yi yi yi yi yi yi yi
d) you you you you you you you you you you

En plus d'atténuer le nasillement, cet exercice vous aidera à marmonner moins, puisque vous aspirez plus d'air quand votre mâchoire est ouverte.

Remède pour rendre la voix moins aiguë et plus adulte

Que vous soyez un homme ou une femme, les gens ne vous prendront pas au sérieux si votre voix est trop aiguë. Des études révèlent que les personnes dont la voix est très aiguë sont perçues comme étant moins crédibles, plus faibles, moins intelligentes et moins prospères que les autres. Beaucoup de films américains illustrent ce fait : la femme dont la voix est très aiguë y est considérée comme une ravissante idiote, que l'on ne peut prendre au sérieux. En fait, elle fait souvent rire et on se moque parfois d'elle.

Le fait d'avoir une voix trop aiguë a beaucoup nui aux vedettes du muet durant la transition vers le cinéma parlant. John Gilbert, star du muet, n'a plus jamais paru à l'écran après son premier film parlant, où il a fait rire de lui par ceux qui l'avaient naguère idolâtré. Les femmes qui avaient considéré John Gilbert comme un sex-symbol ont été rebutées par sa petite voix aiguë. Au fil des ans, j'ai travaillé avec des centaines d'acteurs séduisants qui ne sont pas arrivés à percer tant qu'ils n'ont pas appris à abaisser le ton de leur voix. Dès qu'ils l'ont fait, ils ont décroché des rôles.

Le type de voix à la Betty Boop peut être adorable lorsque l'on a 12 ans, mais il sied mal à une femme dans la trentaine, encore moins dans la quarantaine. Souvent, le fait d'avoir une telle voix aggrave les sentiments d'impuissance et d'insécurité, ainsi que le manque d'assurance. Lorsqu'une femme adulte a une voix de petite fille, cela signifie généralement qu'elle n'est pas devenue adulte et qu'elle n'est pas à l'aise dans sa féminité. Sa voix révèle qu'elle essaie de rester la petite fille qui s'est souvent servie de son air mignon pour manipuler les gens et pour tourner les situations à son avantage.

Des études indiquent que les femmes dont la voix est celle d'une petite fille sont moins écoutées que celles dont la voix est moins aiguë. Les recherches du professeur Paul Ekman, de l'Université de Californie à San Francisco, prouvent que, lorsque les gens mentent, leur voix a tendance à devenir plus aiguë. Ses recherches en confirment d'autres qui ont conclu que les gens dont la voix est trop aiguë sont considérés comme moins crédibles.

Une voix plus basse est considérée comme un atout, tant chez la femme que chez l'homme, que l'on perçoit alors comme plus honnête, plus intelligent, plus fort, plus puissant, plus sensuel et plus sexy.

Je connais une femme qui s'est éprise éperdument d'un homme, rien que pour sa voix grave et riche. Cette voix a eu sur elle un effet physique phénoménal, elle lui a littéralement coupé le souffle. Chaque fois qu'elle l'entendait, elle avait des frissons sur tout le corps, son cœur battait à tout rompre, sa respiration devenait plus profonde et plus rapide : ce sont là des signes d'excitation sexuelle. (Bon nombre de femmes qui ont écouté les disques de Barry White comprennent ce que cette femme ressentait en entendant une voix semblable.)

Si vous voulez paraître plus crédible, plus sexy et plus intelligent, faites cet exercice qui vous aidera à abaisser le ton de votre voix.

EXERCICE POUR ABAISSER LE TON DE LA VOIX

1. Chantez «do, ré, mi», en tenant chaque note pendant trois secondes.
2. Chantez «mi, ré, do», en tenant chaque note pendant trois secondes.
3. Répétez l'étape 2, en remplaçant les notes «mi, ré, do» par ceci:
   a) Viens
         me
            voir.
   b) Je
         le
            veux.

c) Je

t'ai...

... me.

4. Lorsque vous chantez le dernier mot ou la dernière syllabe correspondant au do, étirez-le pendant cinq secondes.

5. Répétez cet exercice cinq fois. Comme pour la plupart des exercices que je vous ai proposés jusqu'à présent, faites-le à divers moments de la journée, chaque fois que vous en avez l'occasion, par exemple lorsque vous promenez votre chien, que vous attendez l'ascenseur, que vous conduisez ou que vous faites votre marché.

Durant les conversations, essayez de poser votre voix sur le «do». N'oubliez pas de terminer vos phrases en baissant le ton, et non pas en le montant. Malheureusement, trop de gens ont la mauvaise habitude de monter le ton à la fin de leurs phrases, donnant ainsi à leur interlocuteur l'impression qu'ils posent une question au lieu de faire une affirmation. Cette façon de parler affaiblit votre message en plus de semer la confusion chez votre interlocuteur. Celui-ci risque de croire que vous lui posez une question quand, en fait, vous affirmez quelque chose.

En baissant le ton de votre voix, n'oubliez pas de maîtriser vos muscles abdominaux en les poussant vers l'extérieur lorsque vous parlez. Cela vous aidera à projeter votre voix, et à la rendre plus profonde.

Votre corps parle

Votre façon de vous asseoir, de vous tenir debout et de marcher en dit long sur vous : Êtes-vous sûr de vous ? Êtes-vous bien dans votre peau ? Êtes-vous à l'aise avec les autres ? On a écrit beaucoup de choses sur le fait que certaines postures ou certains gestes signifient ceci ou cela, mais, dans la majorité des cas, ce sont des balivernes. Par exemple, autrefois on croyait que la personne qui croisait les bras sur la poitrine lorsqu'elle parlait n'aimait pas son interlocuteur et qu'elle se fermait à lui. Aujourd'hui, on se rend compte que cette attitude peut tout simplement signifier que cette personne a froid, qu'elle est gênée par ses seins, ou encore qu'elle se sent obèse et que son poids l'embarrasse. Puisque nous comprenons beaucoup mieux qu'autrefois le sens du langage corporel, il nous faut prendre conscience du rôle capital qu'il joue dans la perception que les autres se font de nous.

Que cela nous plaise ou non, les gens se font une idée de nous d'après la façon dont nous marchons, dont nous nous tenons debout, dont nous nous asseyons et dont nous gesticulons. Les conseils suivants vous aideront à vous comporter physiquement d'une manière qui reflète clairement votre assurance.

Comment se tenir debout

Si vous avez le dos courbé, que vous vous tenez sur une jambe, que vous balancez le corps d'avant en arrière, que vous êtes trop raide ou trop avachi, vous risquez de donner aux autres une mauvaise impression de vous. En revanche, si vous vous tenez d'une manière qui reflète toute la valeur que vous vous accordez, les autres réagiront en conséquence et vous traiteront avec plus de respect.

J'ai vu récemment dans une revue une photo du président Clinton en compagnie de tous les ambassadeurs à l'ONU. L'aspect le plus spectaculaire de cette photo, c'est que chaque personne y figurant avait une posture impeccable et respirait la confiance en soi. On pouvait sentir la puissance qui émanait de chacun. Le pouvoir des gens se reflète dans leur port. Ils se tiennent droits, qu'ils soient petits ou grands, maigres ou gros : ils sont convaincus que leur valeur va au-delà de ces détails physiques.

Pour avoir un port qui respire l'assurance — qui fera non seulement que les autres percevront cette assurance, mais aussi que vous vous sentirez plus assuré —, livrez-vous à cet exercice :

1. Faites comme si une corde était attachée au sommet de votre tête.
2. Imaginez que cette corde est attachée à la base de votre colonne vertébrale.
3. Regardez droit devant vous.
4. Serrez les fesses.
5. Poussez les épaules vers l'arrière.
6. Détendez les bras et laissez-les pendre de chaque côté du corps.

Comment marcher

La démarche de quelqu'un en dit long sur lui. Certains marchent de façon agressive, d'autres, mollement et en hésitant. Certains bondissent en marchant, d'autres traînent les pieds, se dandinent ou trottent. D'autres encore semblent éprouver de la difficulté à mettre un pied devant l'autre. Mais voici la seule démarche qui clame haut et fort votre assurance :

1. Adoptez la position du corps décrite dans l'exercice précédent.
2. Marchez d'un pas régulier, ni trop vite ni trop lentement.
3. Laissez les bras se balancer librement et naturellement.

Comment s'asseoir

Tout comme il est essentiel de se tenir debout correctement, il faut s'asseoir d'une manière qui reflète votre assurance.

1. Debout devant votre chaise, laissez vos mollets en toucher le siège.
2. Pliez-vous et posez les fesses sur le siège, tout près du dossier.
3. Asseyez-vous ; appuyez le dos sur le dossier. En plaçant les fesses tout au fond du siège, vous constaterez que votre colonne vertébrale se redressera automatiquement en s'appuyant sur le dossier, ce qui vous empêchera de vous affaler sur votre chaise.
4. Poussez les épaules vers l'arrière et détendez les bras. Posez-les sur les bras du fauteuil, le cas échéant, ou placez les mains sur les cuisses.
5. Gardez la tête droite. Visualisez la corde qui en retient le sommet. Ainsi, vous maintiendrez le regard à la hauteur de celui de la personne qui pourrait être assise devant vous.
6. Si vous sentez que vous vous affalez sur votre siège, rappelez-vous de pousser les fesses jusqu'au fond. Adossez-vous et gardez la tête droite.

L'art du geste

Voici l'une des questions que l'on me pose le plus fréquemment : « Que faire de mes mains lorsque je parle ? » Ma réponse est toujours la même : « Servez-vous-en, mais correctement. » Vous ne voulez pas avoir l'air d'un poulet qui bat des ailes, ce qui pourrait distraire votre interlocuteur. Servez-vous plutôt de vos mains pour mettre l'accent sur les points importants de vos propos, en faisant des gestes mesurés et assurés. Si vous vous servez de vos mains quand vous parlez et que vous éloignez les bras de votre corps, on vous trouvera plus chaleureux et plus accessible. Une étude menée à l'Université Harvard révèle que les patients se sentent en plus étroite relation avec les médecins qui utilisent davantage bras et mains lorsqu'ils leur parlent.

Si vous avez l'impression de trop utiliser vos bras et vos mains lorsque vous parlez, faites attention à vos gestes. Lorsque vous prenez conscience d'un défaut, vous pouvez le corriger. En position assise, vous voudrez peut-être croiser les mains sur les cuisses. Debout ou en marchant, croisez les mains derrière le dos, comme le font les membres de la famille royale britannique lorsqu'ils se promènent en public. Cette attitude reflétera la maîtrise de soi, l'assurance et le sentiment de sécurité.

Votre poignée de main crée une impression immédiate

Vous ne vous en rendez peut-être pas compte, mais les gens pourraient ne pas vouloir faire votre connaissance si votre poignée de main les rebute. Serrer trop fort est un signe d'agressivité et d'esprit de compétition. Toutefois, si votre poignée de main est molle, que vous touchez à peine la main de l'autre ou que vous lui serrez faiblement les doigts, vous donnerez une impression de timidité, de manque d'assurance ou d'indifférence à l'autre.

Pour éviter tout cela, voici comment serrer la main avec assurance :

1. Soyez le premier à tendre la main ; faites-le avec enthousiasme et assurance.
2. Avec la paume de votre main, serrez fermement la paume de l'autre. N'ayez pas peur de le toucher.
3. Regardez la personne droit dans les yeux, souriez-lui, et serrez-lui la main fermement en la secouant deux ou trois fois.
4. Lâchez prise.
5. Si vous connaissez cette personne et que vous l'appréciez, ou si vous venez tout juste de la rencontrer et que le courant est passé

entre vous, placez votre main gauche sur votre main droite et tenez la main de cette personne entre les vôtres. Ainsi, vous lui ferez connaître les sentiments chaleureux que vous éprouvez pour elle.

Toucher ou ne pas toucher ?
C'est là toute la question

À notre époque, où tout le monde craint les poursuites pour harcèlement sexuel, les gens semblent terrifiés à l'idée du contact physique. Cela a des répercussions malheureuses sur ce qui est sans doute le plus fondamental et le plus humain de tous nos besoins : celui d'être touché. Le célèbre anthropologue Ashley Montagu a fait remarquer dans son étude sur le sens du toucher que nous avons tous besoin de contact physique. Enfants, nous avions envie d'être touchés et nous avions envie de toucher les autres. Nous n'hésitions jamais à toucher quelqu'un pour lui faire comprendre ce que nous éprouvions à son égard. Malheureusement, en grandissant, nous avons eu tendance à garder nos distances et à toucher moins souvent les autres.

Malgré la fréquence des poursuites pour harcèlement sexuel, la plupart des gens ne vont pas vous traîner devant les tribunaux parce que vous les avez touchés, pourvu que vous respectiez les autres et que vous ne touchiez pas à certains endroits du corps. La plupart des gens se touchent pour manifester un lien, un rapport, de la chaleur, de l'appréciation.

En fait, la plupart des gens aiment être touchés et réagissent plus positivement aux personnes qui les touchent qu'aux autres. Pour illustrer cela, une étude a été menée dans la bibliothèque d'une grande université américaine. En contrôlant les livres empruntés par l'étudiant, le bibliothécaire touchait ou évitait de toucher l'étudiant. On a ensuite demandé à tous les étudiants visés par l'étude de répondre à un questionnaire pour évaluer le personnel et les installations de la bibliothèque. Les résultats de l'étude révèlent que les étudiants qui ont été touchés ont accordé une meilleure note au bibliothécaire que les étudiants qui ne l'ont pas été. D'autres recherches indiquent que, plus les gens sont touchés, plus ils réagissent positivement à la personne qui les touche.

Le contact physique établit un lien entre deux personnes et aide à abattre les barrières qui les séparent. Il contribue même à désamorcer les tensions entre les gens. La prochaine fois que vous serez en désaccord avec quelqu'un et qu'il y aura de la tension entre vous, essayez de poser doucement la main sur l'épaule de l'autre personne. Observez ce qui arrive à votre «adversaire» quand vous tendez la main pour le toucher. Il est plus que probable que vous verrez la tension se dissiper entre vous deux.

Le contact physique vous apprend que l'on vous apprécie, que l'on a de l'affection pour vous et que le courant passe.

Quelques règles concernant le contact physique

1. Ne touchez jamais la personne qui risque de ne pas apprécier votre initiative; soyez attentif aux signaux qu'elle vous lance par ses expressions faciales et par son langage corporel.
2. Veillez à ne pas exagérer. Un contact physique excessif est tout aussi perturbateur qu'une absence de contact.
3. Dans les situations professionnelles, ne touchez jamais une personne au-dessous des épaules ou du bas du dos.
4. Dans vos rapports sociaux, touchez le visage, les bras, la taille et tout ce que vous et l'autre personne considérez comme mutuellement acceptable.
5. Veillez à ce que votre étreinte ne soit ni trop forte ni trop molle.

L'expression de votre visage vaut mille mots

Comme votre corps, votre visage peut raconter l'histoire de votre vie. On peut souvent dire si les gens — surtout les personnes âgées — ont eu une vie heureuse ou malheureuse rien qu'en observant leurs muscles faciaux. Leur bouche s'affaisse-t-elle, ce qui indique qu'ils ont eu toute leur vie une expression de tristesse ou de colère sur le visage? Les commissures de leurs lèvres se retroussent-elles vers le haut, parce qu'elles ont toujours vécu dans l'optimisme?

L'importance de votre expression faciale, son caractère plus ou moins animé et son effet sur les autres n'ont rien de nouveau. Charles Darwin en a parlé dès 1872. Il a écrit que les gens étaient perçus positivement ou négativement par les autres selon qu'ils possédaient telles ou telles caractéristiques faciales.

Votre expression faciale peut créer une première impression positive ou négative. Les conclusions auxquelles est arrivée une équipe de psychologues et de politologues de Dartmouth College illustrent l'influence que peut avoir sur la perception des autres l'expression du visage. Les membres de l'équipe ont découvert que Ronald Reagan jouissait d'un avantage de taille sur ses adversaires à l'élection de 1980 : l'intensité émotionnelle et la diversité de ses expressions faciales. Malheureusement, l'étude a révélé que le fait que les gens soient ou non d'accord avec ses thèses politiques n'avait aucune importance. C'est plutôt l'expressivité émotionnelle de Reagan qui provoquait des changements physiologiques chez les sujets de l'étude (réaction de la peau et rythme cardiaque). Plus étonnant encore, les chercheurs ont découvert que les sujets qui n'avaient pas encore décidé de donner leur appui à Reagan ont fini par le lui accorder après avoir visionné la vidéocassette.

Cette recherche montre à quel point notre langage facial a des effets sur les autres. À cause de l'expression de notre visage, les gens peuvent se méprendre sur nous et réagir négativement. Nombreux sont ceux qui froncent les sourcils et plissent le front lorsqu'ils écoutent attentivement. Mais un observateur pourrait se méprendre et considérer ce signal facial comme une contraction désapprobatrice, et y réagir d'une façon défensive ou agressive, d'un ton sec ou abrupt. Cette expression faciale pourrait même empêcher les autres de s'ouvrir à vous, du fait qu'ils vous perçoivent comme quelqu'un qui juge ou qui critique, quand, en réalité, vous écoutez tout simplement votre interlocuteur avec intensité.

Par conséquent, il est essentiel que vous soyez toujours conscient de vos expressions faciales, que vous vous efforciez de détendre les muscles de votre visage quand vous parlez ou que vous écoutez. Au lieu de froncer les sourcils, essayez d'ouvrir les yeux plus grands, ce qui sera souvent perçu par votre interlocuteur comme un signe de l'intérêt que vous portez à ce qu'il dit. Au lieu de pincer les lèvres quand vous vous apprêtez à parler, ce qui donne l'impression que vous allez passer à l'offensive verbale, détendez les muscles entourant vos lèvres et entrouvrez légèrement la mâchoire. Durant toute la conversation, relâchez périodiquement la tension dans votre front, ainsi que dans les muscles entourant les yeux, le nez, les lèvres et la mâchoire.

Ne faites pas semblant de vous intéresser à ce que l'autre dit: intéressez-vous-y sincèrement. Vous devez écouter attentivement ce que l'on vous dit et analyser la façon dont on vous le dit. Soyez attentif aux expressions faciales et au langage corporel de votre interlocuteur: ce sont des baromètres qui vous renseigneront sur ce que cette personne pense vraiment de telle ou telle chose, par exemple, des relations humaines.

Comme environ 75 p. 100 de la communication non verbale se fait par le visage, pour transmettre votre message avec justesse vous devez toujours rester conscient de ce que votre visage «raconte» sur vous. Il est essentiel qu'il reflète l'émotion que vous éprouvez, afin que les autres ne se méprennent pas sur vos intentions.

L'expression du visage

Durant votre enfance, on vous a sans doute dit de vous méfier des gens qui vous regardent droit dans les yeux. Cela n'est pas nécessairement vrai. Il serait plus juste de dire que le courant passera plus probablement entre vous et les personnes qui vous regardent en face lorsqu'elles vous parlent ou vous écoutent. Beaucoup d'êtres humains, comme les animaux, peuvent se sentir menacés ou mis au défi quand vous les regardez droit dans les yeux. Ils risquent de croire que si vous les regardez dans le fond des yeux, c'est que vous cherchez à les intimider. (À moins, bien sûr, qu'ils ne soient follement amoureux de vous.) Mais, si mal à l'aise que puisse se sentir une personne qui se fait regarder droit dans les yeux ou qui se fait dévisager, il est également déconcertant de se trouver face à quelqu'un qui évite constamment votre regard. Il est impoli, irrespectueux, insensible et inacceptable de ne pas concentrer son attention sur la personne à qui l'on parle.

L'exemple suivant illustre à quel point cette attitude est choquante. Sherol, l'une de mes clientes, qui assistait à une soirée à Hollywood, bavardait avec un collègue. Ce dernier, qui jetait un regard panoramique sur la salle afin de trouver quelqu'un de plus important à qui parler, a quand même réussi à formuler quelques politesses en prenant des nouvelles du père de Sherol. Celle-ci lui a répondu tristement: «Mon père est mort le mois passé.» Son collègue, qui ne l'écoutait manifestement pas, a répondu sur-le-champ en souriant: «Oh! C'est bien. Excuse-moi, je dois parler à quelqu'un. On se revoit bientôt.»

Sherol, sidérée, ne lui a plus jamais adressé la parole. Le malotru n'a jamais su pourquoi Sherol refusait de prendre ses appels téléphoniques et de travailler avec lui.

Pour avoir une excellente communication avec les autres et pour être perçu comme s'intéressant à eux et à ce qu'ils ont à dire, faites l'exercice suivant, qui vous aidera à vous sentir à l'aise lorsque vous regardez votre interlocuteur et lui manifestez votre attention, sans toutefois le dévisager. Ouvrez les yeux et les oreilles; écoutez ce que votre interlocuteur vous dit.

1. Regardez pendant deux secondes l'ensemble du visage de votre interlocuteur.
2. Regardez ses yeux pendant deux secondes.
3. Posez votre regard sur son nez, puis sur sa bouche, puis sur son menton, chaque fois pendant deux secondes.
4. Regardez de nouveau l'ensemble de son visage pendant deux secondes.
5. Répétez les étapes 1 à 3 durant toute la conversation.

Au début, vous vous sentirez peut-être mal à l'aise; vous aurez sans doute envie de détourner le regard. Cependant, si vous vous entraînez à cette technique, vous commencerez à vous sentir de plus en plus à l'aise. En retour, votre interlocuteur aura un meilleur rapport avec vous; il sentira qu'il vous intéresse et que vous êtes réceptif. De ce fait, il s'ouvrira davantage à vous, et un lien plus solide se tissera entre lui et vous.

Ce n'est pas seulement la façon de parler qui compte, mais aussi ce que vous dites

Tout comme il est essentiel d'adopter le ton approprié afin de ne pas être mal compris, vous devez choisir pour vous exprimer les mots qui conviennent.

On dit souvent que les mots n'ont jamais tué personne. Bien entendu. Mais la triste vérité, c'est que les mots peuvent vous blesser et vous estropier le cœur, en plus de vous couper les ailes et d'anéantir l'estime que vous avez pour vous-même. Il est certain que les enfants, qui n'ont pas encore acquis le sens de l'étiquette sociale, sont souvent cruels entre eux. Plus triste encore, bon nombre de ces enfants deviennent des adultes méchants, tout à fait inconscients de l'effet dévastateur que leurs paroles peuvent avoir sur les autres, parce que personne ne leur en a jamais rien dit.

De la même façon que vous devez assumer vos responsabilités et le dire aux gens lorsqu'ils vous blessent, vous assumez, en tant qu'adulte, la responsabilité de tout ce qui sort de votre bouche. Vous ne pouvez dire n'importe quoi, parler en mal de quelqu'un, dire des choses insensibles, dures et blessantes, et attendre des autres qu'ils vous pardonnent et qu'ils agissent avec vous comme si de rien n'était.

Mis à part vos parents, personne n'est obligé de vous aimer inconditionnellement. Si vous parlez et vous comportez sans tenir compte des sentiments des autres, préparez-vous à en subir les conséquences.

Pour éviter les gaffes et les paroles blessantes à l'endroit des autres, vous devez constamment faire attention à ce que vous dites. Même si vous croyez «plaisanter», les autres pourraient ne pas vous trouver drôle.

Rien n'est plus hostile ni plus révélateur d'une personne que de l'entendre adresser des remarques mesquines, sarcastiques ou blessantes à quelqu'un pour ensuite l'entendre dire, dès que le visage de la personne visée change: «Je plaisantais.» C'est inacceptable. Si vous vous êtes rendu coupable d'un tel comportement dans le passé, ne recommencez plus jamais. Si vous en êtes encore coupable en ce moment, cessez immédiatement. Il n'y a rien de drôle à blesser les sentiments des autres.

Les personnes timides sont des personnes égoïstes

Vous êtes sans doute choqué par cet énoncé. Mais réfléchissez-y et vous vous rendrez compte qu'il est tout à fait vrai. Les timides sont tellement préoccupés par eux-mêmes, tellement soucieux de ce que les autres pensent d'eux, qu'ils se cachent à tous.

En revanche, les personnes qui ne sont pas timides se préoccupent davantage des autres, de ce qu'elles font et pensent que de l'impression qu'elles peuvent leur donner.

Pour en finir avec l'épidémie de timidité, vous devez cesser de concentrer toute votre attention sur vous-même et la diriger vers les autres. Ce faisant, vous constaterez que vous êtes trop occupé à penser aux autres pour avoir le loisir de vous trouver stupide ou maladroit.

Du fait que la timidité repose sur la peur — la peur de ce que quelqu'un pense de vous —, vous devez délibérément choisir de ne plus jouer avec vous-même au petit jeu du «je pense que tu penses que je pense». Lorsque vous cessez de vous soucier de ce que les autres pensent de vous, vous vous donnez la liberté d'être vous-même. Si vous vous efforcez de vous intéresser aux autres au lieu de chercher à vous rendre intéressant, vous ne perdrez pas de vue ce que vous voulez leur dire, et vous ne vous inquiéterez pas de l'impression que vous pourriez faire. Si jamais vous vous trouvez timide dans quelque situation que ce soit, répétez-vous les phrases qui suivent. Elles vous aideront à dissiper les sentiments d'insécurité et de malaise que vous pourriez ressentir en présence des autres.

1. Je refuse de jouer au petit jeu du «je pense que tu penses que je pense».
2. Je m'intéresse — je n'ai pas besoin d'être intéressant.

Finie la timidité!

Une autre technique susceptible de réduire ou d'éliminer votre timidité consiste à l'expirer. Faites l'exercice suivant lorsque vous êtes seul, avant de vous rendre à une fête, à une réunion ou à une autre rencontre.

1. Inspirez faiblement par la bouche.
2. Retenez votre souffle pendant quelques secondes.
3. De toutes vos forces, expirez l'air inspiré, en un jet uniforme, jusqu'à ce que vos poumons soient vides.
4. Répétez les étapes 1 à 3 jusqu'à ce que vous ne soyez plus nerveux.

Vous vous êtes maintenant calmé au point que vous pouvez cesser de vous mettre des bâtons dans les roues. Vous pouvez aborder les gens et les saluer chaleureusement. Foncez! N'y pensez pas à deux fois — faites-le!

Comment avoir de la conversation :
que dites-vous après avoir dit bonjour ?

Pour commencer la conversation du bon pied, dites quelque chose qui attire l'attention de votre interlocuteur, qu'il s'agisse d'une observation, d'une question ou d'un compliment. Les compliments conviennent parfaitement pour briser la glace et amorcer la conversation. Le simple fait de dire : « Tu es magnifique dans cette robe. Où l'as-tu trouvée ? » peut vous obtenir une réponse qui alimentera la conversation. Votre interlocutrice pourrait vous dire qu'elle l'a achetée en Europe ; vous pourriez alors parler de l'Europe, des pays qu'elle a visités, et ainsi de suite.

Faire une observation constitue une autre amorce. Par exemple, à une soirée, vous pourriez dire : « Que notre hôtesse est charmante ! Elle est si gentille et si amicale. Ne trouvez-vous pas que ses soirées sont toujours les plus réussies ? » Les événements du jour peuvent aussi servir de point de départ à la conversation : « Que pensez-vous de la victoire de M. Untel aux élections ? » Si vous ne suivez pas l'actualité, lisez les manchettes du journal ou regardez brièvement une chaîne d'information continue avant de sortir pour vous mettre au courant.

Je n'insisterai jamais trop sur la nécessité de se tenir au courant de ce qui se passe dans votre monde pour avoir un sujet de discussion lorsque vous rencontrez des gens pour la première fois. La circulation et la météo sont également de bonnes amorces, puisqu'elles intéressent tout le monde et que tout le monde a son opinion là-dessus.

Quoi que vous fassiez pour amorcer la conversation, ne faites jamais, au grand jamais, de commentaires sarcastiques, ne dénigrez personne et ne faites pas de compliments vides et éculés. Personne ne veut être insulté par de vaines flatteries. Le meilleur moyen d'inciter les gens à poursuivre la conversation consiste à vous montrer respectueux, honnête et direct. Si votre interlocuteur réagit positivement à votre amorce de conversation, il vous donne le signal de vous présenter. Lorsque vous dites vos nom et prénom en vous présentant, vous montrez que vous êtes ouvert, et cela suscitera généralement de votre interlocuteur une plus grande confiance en vous.

Pour alimenter la conversation il faut chercher un terrain d'entente

Pour que la conversation se poursuive, il est essentiel que vous trouviez un terrain d'entente. Impossible de bavarder longuement avec quelqu'un si vous n'avez rien en commun avec cette personne. Posez des questions ouvertes au lieu de questions qui ne nécessitent qu'un oui ou un non comme réponse. Vous en apprendrez ainsi davantage sur votre interlocuteur, ce qui vous permettra de mieux comprendre et de mettre ses propos en perspective. Continuez de lui poser des questions en fonction de ses réponses à vos questions précédentes. Par exemple, supposons que vous demandiez à votre interlocuteur d'où il vient et qu'il vous réponde «de Los Angeles», continuez ainsi :

— D'où à Los Angeles?
— Beverly Hills.
— Beverly Hills? Comment est-ce de grandir là? Est-ce comme ce que l'on voit dans l'émission *Beverly Hills 90210*?

Votre interlocuteur pourrait bien vous répondre qu'il déteste cette émission ou que la ville a beaucoup changé depuis son adolescence. Vous pourriez alors lui demander de préciser en quoi elle a changé, et ainsi de suite. La clé consiste à alimenter la conversation afin que s'établisse une communication dans les deux sens, que votre interlocuteur vous pose aussi des questions et que chacun de vous en apprenne un peu plus sur l'autre.

Cette technique d'alimentation de la conversation au moyen de questions s'appelle «élaboration». C'est un peu la technique que les reporters utilisent pour obtenir plus de détails sur la personne qu'ils interviewent. Les qui? quoi? quand? où? comment? font parler l'interlocuteur en lui permettant de répondre d'une manière plus descriptive. Lorsque vous continuez d'alimenter la conversation, recourez le plus possible à la description pour raconter une histoire, pour relater une expérience vécue ou pour discuter des événements. Les images suscitent l'intérêt des gens. Utilisez des phrases et des mots descriptifs, qui évoquent des images visuelles ou auditives; assaisonnez vos descriptions avec les réactions émotionnelles que vous avez eues aux situations décrites, afin que votre interlocuteur ait l'impression qu'il est là avec vous dans votre récit.

Il ne suffit pas de regarder et d'entendre : observez et écoutez !

Le fait de bien observer et de bien écouter vous permet de vous faire votre propre idée des autres. Vous serez en mesure de mieux les saisir et de vraiment comprendre ce qu'ils essaient de vous dire. L'écoute attentive et active vous donne l'occasion de poser à vos interlocuteurs des questions plus profondes, plus significatives, et d'éliminer le caractère superficiel de votre relation avec eux.

En étant attentif aux signaux que votre interlocuteur vous lance dans ses expressions faciales et son langage corporel, vous saurez si vous devez continuer ou non de lui poser des questions. Une grimace ou un froncement de sourcils vous apprendra que vous venez de toucher à un point sensible. Par exemple, supposons qu'après avoir demandé à quelqu'un où habitent ses parents vous percevez une légère tension sur son visage. Peut-être cette personne vient-elle de perdre un parent. Peut-être n'entretient-elle pas de bonnes relations avec eux. Quel que soit le cas, en prenant conscience des signaux faciaux que votre interlocuteur vous lance, vous saurez si vous devez ou non changer de sujet.

Il faut être un bon écoutant pour avoir de la conversation. Et pour être un bon écoutant, il faut vous rappeler ceci :

1. Concentrez votre attention sur votre interlocuteur ; parlez de lui et non pas de vous. Ne lui faites part de vos propres expériences que dans la mesure où celles-ci ont un rapport avec les siennes. Malheureusement, trop de relations tournent mal parce que l'un des interlocuteurs renchérit toujours sur les propos de l'autre. La communication n'est pas une compétition, mais un partage d'idées, d'information et d'expériences dans la mesure où ces dernières ont un sens pour les deux personnes.

2. Souvenez-vous de regarder le visage de votre interlocuteur durant toute la conversation. Ne détournez pas le regard. Il est également essentiel que vous concentriez constamment toute votre attention sur ce que vous dit votre interlocuteur.

3. N'interrompez pas votre interlocuteur, ne soyez pas distrait et ne sautez pas à des conclusions hâtives, surtout lorsque vous entendez un mot ou une idée qui suscite en vous une réaction émotionnelle ou que vous trouvez inacceptable. Laissez plutôt votre

interlocuteur aller jusqu'au bout, afin de recevoir le message en entier et non pas en partie. Ensuite, vous pourrez parler et lui faire part de vos commentaires, de vos sentiments et de vos expériences.

Mettre fin à la conversation

Ne vous attardez pas quand vient le moment d'en finir. Si vous avez fini de parler à quelqu'un et que vous éprouvez de la difficulté à mettre fin à la conversation, certains moyens vous permettront de faire comprendre à votre interlocuteur que vous en avez terminé. Vous pouvez le faire d'une façon aisée, sans blesser votre interlocuteur.

1. En tenant pour acquis que vous avez constamment regardé le visage de votre interlocuteur durant la conversation, brisez ce contact en détournant le regard pour signaler que la conversation tire à sa fin.

2. Terminez la conversation en disant : « Notre conversation m'a été très agréable. » Ou encore : « Ce que vous m'avez dit m'a beaucoup intéressé. » Si vous vous trouvez dans une réunion mondaine et que vous voulez rencontrer d'autres personnes, dites quelque chose comme : « J'ai passé un moment agréable à converser avec vous. Je vais maintenant me mêler aux autres. Peut-être nous rencontrerons-nous de nouveau ? » Si vous souhaitez revoir cette personne, vous pourriez lui dire : « Poursuivons cette conversation très bientôt. » Ou encore : « J'aimerais bien vous revoir. » Vous pouvez alors échanger vos cartes de visite et vos numéros de téléphone. Ne soyez jamais hypocrite. Si vous ne souhaitez pas revoir cette personne, contentez-vous de lui dire, avant de la quitter : « J'ai été enchanté de vous rencontrer. »

Lorsque vous quittez la compagnie d'un interlocuteur, rappelez-vous que la dernière impression que vous lui faites est tout aussi importante que la première. Ayez un ton optimiste, touchez-lui gentiment l'épaule, donnez-lui un baiser sur la joue ou serrez-lui la main dans les vôtres. Ces gestes témoigneront du plaisir que vous avez éprouvé en sa compagnie et de votre envie de le revoir.

Restez toujours diplomate

Supposons que vous avez rencontré des gens qui ne vous plaisent pas du tout. Vous n'aimez pas leur personnalité ou vous n'avez rien en commun avec eux. Vous ne souhaitez vraiment pas les revoir. Sachez qu'il vous faut rester poli et respectueux. Ne soyez jamais impoli et faites tout votre possible pour éviter de blesser les gens.

Beaucoup d'hommes qui fréquentent des femmes se rendent involontairement coupables de méchanceté lorsqu'ils se méprennent sur le sens de la politesse. Lorsqu'ils rencontrent une femme qui ne les attire pas particulièrement, ils croient que, pour être «gentils», il convient de dire: «Je vous téléphonerai», alors qu'ils n'ont nullement l'intention de le faire non plus que de revoir cette femme. Si vous devez ne retenir qu'une chose du présent ouvrage, ce devrait être que vous ne devez jamais dire ou faire quelque chose si vous ne le pensez pas ou si vous n'avez pas l'intention de tenir parole. Pensez ce que vous dites et dites ce que vous pensez. Mais dites-le avec tact, sans blesser l'autre. Pourquoi ces hommes ne diraient-ils pas plutôt à la femme en question: «Notre conversation m'a été très agréable.» Ou encore: «Vous me semblez être une personne charmante.» Ce ne sont pas des mensonges. Il se peut très bien que cette femme soit une personne charmante (pour quelqu'un d'autre). Tout vaut mieux que de dire à quelqu'un que vous allez faire quelque chose alors que vous n'avez pas l'intention de tenir parole. Vous faites naître de vains espoirs. Lorsqu'il est déçu, vous donnez l'impression que vous êtes non seulement une mauvaise personne, mais aussi une personne insensible à autrui.

Ne dites rien que vous ne pensiez pas. Si une personne ne vous attire pas, ou si elle vous ennuie, quittez sa compagnie avec grâce et politesse, en lui permettant de préserver sa dignité.

CHAPITRE 5

Comment devenir pour vous-même une personne extraordinaire

- Les mensonges qu'on vous raconte
- Qui êtes-vous, vraiment?
- De quoi devriez-vous le plus vous réjouir?
- De quoi devriez-vous le moins vous réjouir?
- Que pouvez-vous changer en vous pour vous sentir davantage extraordinaire?
- Chaque jour, dites-vous la bonne nouvelle
- Vous connaître, c'est vous aimer
- Le miroir de l'esprit
- Parlez gentiment à la personne la plus extraordinaire que vous connaissiez: vous-même
- La puissance des mots
- N'écoutez pas les personnes négatives: fiez-vous toujours à votre instinct!
- Le corps ne ment jamais!
- Jamais plus victime!
- Le dire aux gens lorsqu'ils dépassent la mesure
- Dès que vous apercevrez ces gens, fuyez à toutes jambes!
- Faire face à la douleur du rejet sans s'autodétruire
- Estimez-vous heureux
- Acceptez l'aide des autres: vous la méritez

Je suis sûre que vous avez déjà entendu l'expression: «Avant de pouvoir aimer quelqu'un d'autre, vous devez vous aimer vous-même.» Pensez aux paroles d'Oscar Wilde: «S'aimer soi-même, c'est le début d'une histoire d'amour qui dure toute la vie.»

Trop nombreux sont ceux qui lisent ce genre de phrase sans vraiment faire attention à son sens profond. Si tant de relations échouent, c'est peut-être que les gens ne s'aiment pas, ne s'apprécient pas et ne se respectent pas eux-mêmes avant d'essayer de le faire avec les autres.

Au début du livre, j'ai écrit que beaucoup de personnes se détestent elles-mêmes. Elles ne se respectent pas. Malheureusement, cette haine de soi se manifeste souvent sous la forme du syndrome de Groucho Marx, c'est-à-dire que ces personnes se sentent indignes d'être avec quiconque rechercherait leur compagnie. Les conséquences de cette attitude sont dévastatrices pour toutes les personnes concernées.

Généralement, les gens qui se montrent méchants, malveillants et irrespectueux avec les autres ont à leur propre égard des croyances néfastes : ils ne se sentent pas à la hauteur, pas assez intelligents et, par conséquent, sans valeur. Qui donc leur a donné cette information ? Qui sait ? Cela n'a aucune importance. Que ce soit un parent, un enseignant, un camarade de classe, voire les pages d'une revue de mode qui aient suscité ce sentiment, il n'est pas pertinent. Adulte, vous êtes responsable de vos actes. Vous ne pouvez blâmer personne d'autre que vous. Mais il vous faut apprendre à marcher avant de pouvoir courir. Vous devez donc panser vos blessures d'amour-propre avant de pouvoir être extraordinaire pour les autres.

Dans le présent chapitre, vous apprendrez à réparer l'estime que vous avez pour vous-même et à devenir extraordinaire pour la personne la plus importante de votre vie : vous-même. Pour ce faire, vous devez vous aimer, et je vais vous expliquer comment venir à bout de cette tâche monumentale.

Avant de pouvoir transformer efficacement en opinion positive l'opinion négative que vous avez de vous-même, il vous faut vous demander qui vous êtes. Qu'aimez-vous ? Que détestez-vous ? Que voulez-vous changer en vous ? Vous devez également reprogrammer la perception que vous avez de vous-même et le discours que vous vous tenez. Il faut vous donner de nouveaux principes directeurs pour guider le reste de votre vie. Enfin, vous avez besoin de savoir comment vous gâter et vous dorloter, et d'apprendre à accepter les mots gentils, les opinions favorables et l'aide des autres.

Les techniques et suggestions contenues dans le présent chapitre sont d'une importance capitale. Vous sentirez que vous méritez d'avoir d'autres personnes extraordinaires dans votre vie et vous serez dès lors en mesure d'accepter les choses merveilleuses qu'elles peuvent faire et feront pour vous ouvertement et de leur propre chef. Pour être une personne extraordinaire, il ne faut pas seulement donner, il faut aussi être capable de recevoir. Mais avant de pouvoir recevoir des autres, vous devez vous donner à vous-même.

Les mensonges qu'on vous raconte

« Tu n'es pas assez bon. » « Tu n'es pas assez intelligent. » « Tu n'es pas assez belle. »

« Assez », c'est combien ? Qui décide de ce qui est assez et de ce qui ne l'est pas ? Si vous êtes assez avancé en âge pour lire le présent livre, vous avez l'âge de cesser de blâmer les autres, l'âge de chercher en vous-même la réponse à vos questions. En y réfléchissant bien, vous constaterez que vous êtes maître de vous-même. Puisque c'est vous qui avez cru en ces mensonges, c'est à vous qu'il incombe d'en dresser la liste et de les régler. L'exercice suivant vous aidera à le faire.

1. Prenez une tablette d'autocollants. Sur chaque feuille, consignez un commentaire négatif que vous avez entendu à votre sujet.
2. Réfléchissez au passé pour vous rappeler les gens qui ont dit des choses méchantes sur votre compte, à vous ou à d'autres.
3. Une fois que vous aurez transcrit chaque phrase ou commentaire sur des pages différentes, séparez les feuilles et collez-les sur le côté de votre corbeille à papier.
4. Décollez de la corbeille une feuille à la fois et lisez-la à voix haute.
5. Relisez-la, cette fois en ricanant ou en riant. Vous riez parce que le commentaire à votre sujet que vous lisez est vraiment ridicule.
6. Déchirez chaque feuille en continuant de vous moquer de son contenu. Continuez jusqu'à ce que toutes les feuilles soient déchirées en petits morceaux et jetées dans la corbeille.
7. Regardez tous les petits morceaux de papier que vous avez jetés dans la corbeille et dites-vous ceci à voix haute :

« J'ai déchiré tous vos commentaires méchants, les opinions fausses que vous aviez sur moi, et les mensonges que vous avez dits à mon sujet.

Je les ai mis là où il se doit, dans un endroit d'où ils ne sortiront jamais plus : à la poubelle. Ils aboutiront à la décharge publique, ou ils seront brûlés ou recyclés. En tout cas, ces commentaires et mensonges — comme les petits morceaux de papier sur lesquels ils étaient écrits — n'existent plus dans ma vie !»

Qui êtes-vous vraiment ?

Dans mes livres intitulés *Talk to Win* et *Say It Right*, j'ai proposé à mes lecteurs de répondre au sondage «Pour mieux vous connaître» que j'ai conçu et qui s'est révélé efficace pour aider mes clients à en apprendre davantage sur eux-mêmes. En répondant à un questionnaire détaillé sur leurs préférences et aversions, ils ont pu comprendre ce qu'ils ressentaient vraiment à propos de certaines choses.

Le questionnaire suivant, «Qui suis-je, vraiment ?», va encore plus loin et constitue un moyen encore plus efficace de jauger vos vrais sentiments et opinions. Une fois que vous aurez complété les phrases, relisez-les depuis le début. Faites comme s'il s'agissait d'une personne que vous rencontrez pour la première fois. Peut-être vous livrerez-vous à une profonde introspection ; une pensée en déclenchera une autre sur votre vie et la façon dont vous l'avez vécue, sur la perception que vous avez de vous-même, ainsi que sur votre cheminement. Il n'y a pas de bonnes ni de mauvaises réponses. Cet exercice ne doit pas susciter de jugement de votre part. Il doit plutôt vous aider à en apprendre davantage sur vous en couvrant toutes les dimensions de votre vie, ou presque.

Complétez chaque phrase avec la première idée qui vous vient en tête. N'essayez pas de corriger cette idée pour la rendre plus «acceptable». Répondez sincèrement, avec votre cœur.

Mon nom est _____.
Si je pouvais changer de nom, je m'appellerais _____.
J'ai _____ ans.
J'aimerais avoir _____ ans.
J'habite à _____.
J'aimerais mieux habiter à _____.
Ma famille est _____.

La famille parfaite est _____.

Je gagne ma vie en _____.

Je préférerais gagner ma vie en _____.

Sur le plan social, je suis _____.

Sur le plan social, je préférerais être _____.

Mes amis sont _____.

Je préférerais que mes amis soient _____.

Les qualités auxquelles j'accorde le plus de valeur son _____.

Il me semble que tous les gens que je rencontre sont _____.

La personne que j'aimerais le plus rencontrer est _____.

J'aime les gens qui sont _____.

Je ne supporte pas les gens qui sont _____.

Ma personne préférée dans le monde entier est _____.

J'aime m'habiller _____.

Je déteste m'habiller _____.

J'aime aller à _____.

Je déteste aller à _____.

Je redoute d'aller à _____.

Sur le plan financier, je suis _____.

Sur le plan financier, je préférerais être _____.

Physiquement, je suis _____.

Physiquement, je préférerais être _____.

J'aime faire ceci : _____.

Ce qui me fait rire, c'est _____.

Ce qui me fait pleurer, c'est _____.

Ce qui me rend triste, c'est _____.

Ce qui me dégoûte, c'est _____.

Je pourrais hurler quand _____.

Ma bête noire, c'est _____.

Ce qui me gêne, c'est _____.

Je me méfie de _____.

Je suis épuisé par _____.

Je me sens coupable de _____.

Ce qui me met en colère, c'est _____.

Je suis frustré par _____.

J'ai le plus confiance en moi quand _____.

Je suis le plus blessé par _____.
J'ai envie de vomir quand_____.
J'ai peur de_____.
Je suis prudent en ce qui concerne _____.
Je suis jaloux de _____.
Je suis choqué par_____.
Je suis anxieux au sujet de_____.
Je suis ennuyé par_____.
Ce qui me donne de l'espoir, c'est_____.
Ce qui m'atterre, c'est_____.
J'ai honte de _____.
Je suis attiré par _____.
Je suis révulsé par_____.
Je suis surpris par _____.
Je suis sûr de_____.
Ce qui me rend furieux, c'est_____.
Lorsque je me sens rejeté, je _____.
Lorsque je me sens accepté, je _____.
Je me fais du souci pour _____.
Je ne me fais jamais de souci pour_____.
Je remets généralement au lendemain_____.
Je suis généralement enthousiasmé par_____.
Je suis rebuté par_____.
Les autres me voient comme une personne qui_____.
Je me vois comme une personne qui_____.
Lorsque je rencontre quelqu'un que je ne connais pas et qui
    me plaît, je_____.
Lorsque je rencontre quelqu'un que je ne connais pas et qui ne
    me plaît pas, je _____.
Une amitié idéale, ce serait_____.
Un compagnon idéal, ce serait_____.
Mon compagnon est _____.
Dans une semaine, je veux_____.
Dans un mois, je veux_____.
Dans un an, je veux_____.
Dans cinq ans, je veux_____.
Je serais la personne la plus heureuse du monde si_____.

De quoi devriez-vous le plus vous réjouir ?

Ma plus grande réussite est_____.

Mon meilleur atout est _____.

Je suis fier de moi quand je _____.

Mon plus grand talent est_____.

Ce que j'aime le mieux dans mon apparence physique,
c'est_____.

Ce que j'aime le mieux dans ma personnalité, c'est_____.

Ce que j'aime le mieux dans mon caractère, c'est_____.

Mon plus beau souvenir d'enfance, c'est_____.

Mon plus beau souvenir d'adolescence, c'est_____.

Mon plus beau souvenir d'adulte, c'est_____.

Voici trois adjectifs positifs qui me décrivent_____.

Les choses positives que je partage généralement avec les gens
sont _____.

Je me sens attirant quand_____.

Je me sens sexy quand _____.

Je me sens puissant quand_____.

Mes trois plus belles qualités sont_____.

Ce que je fais de mieux pour moi-même, c'est_____.

Les personnes les plus extraordinaires de mon entourage sont

_____.

De quoi devriez-vous le moins vous réjouir ?

Mon plus grand regret, c'est_____.

Ce que je déteste le plus dans mon physique, c'est_____.

Ce que je déteste le plus dans ma personnalité, c'est_____.

Ce que je déteste le plus dans mon caractère, c'est_____.

Ce que les gens me reprochent le plus, c'est_____.

La pire chose que je me fasse à moi-même, c'est_____.

La pire chose que j'aie faite durant mon enfance, c'est_____.

La pire chose que j'aie faite durant mon adolescence, c'est_____

_____.

La pire chose que j'aie faite depuis que je suis adulte, c'est_____

_____.

J'éprouve un sentiment d'insécurité au sujet de _____.

Je me fais toujours du souci pour_____.

Voici trois adjectifs négatifs qui me décrivent_____.

Les choses négatives que je partage généralement avec les gens
sont_____.

Les personnes les plus toxiques de mon entourage sont _____

_____.

Que pouvez-vous changer en vous pour vous sentir davantage extraordinaire ?

Examinez attentivement toutes les réponses que vous avez données sur ce que vous percevez comme étant des traits négatifs chez vous. Maintenant que vous en avez pris conscience, relisez toutes les questions, cette fois en vous demandant ce que vous pourriez faire pour transformer ces traits négatifs en traits positifs. Dressez la liste des mesures à prendre et des traits à corriger dans un cahier spécial, que vous garderez toujours à portée de la main. Chaque fois que vous sentez ces traits négatifs se manifester, recherchez le remède dans votre petit cahier et prenez les mesures que vous y avez consignées pour transformer ces traits.

Marcy, ma cliente, après avoir fait cet exercice, a constaté qu'il avait transformé sa vie. Il lui a permis de rire d'elle-même et l'a aidée à dissiper son angoisse. Marcy a trouvé que son trait de caractère le plus négatif était de trop prendre à cœur le rejet, de l'absorber et de battre sa coulpe. Ce qui aggrave ces terribles sentiments, c'est qu'elle mange trop, qu'elle se met en colère et qu'elle se vautre dans la dépression qui s'ensuit.

Un jour, Marcy a téléphoné à une société pour essayer de lui vendre un produit. Elle y avait un contact, Randy, qu'elle avait rencontré plusieurs années auparavant, mais qu'elle semblait incapable de rejoindre. Randy la remballait, lui disant qu'il la rappellerait, mais sans jamais le faire. Sentant la colère, le ressentiment et le chagrin monter en elle, Marcy a regardé dans son petit cahier. À la page intitulée «Difficulté à accepter le rejet», elle y a lu les mesures à prendre suivantes :

1. Mets une touche d'humour dans la situation.
2. Aborde la situation de front pour découvrir la nature du problème.

3. Adresse-toi à une autre personne qui peut t'aider. Trouve une autre porte à ouvrir.
4. Trouve quelqu'un qui s'entende bien avec la personne en question et qui puisse lui chanter tes louanges.
5. Comprends que c'est cette personne qui a un problème, pas toi.
6. Téléphone à quelqu'un qui peut te réconforter.
7. Expire tous tes sentiments négatifs.
8. Ne touche pas aux sucreries.

Marcy a par la suite écrit ceci à Randy : «Si tu ne renvoies pas mes appels parce que j'ai offensé ta mère, je te prie de me pardonner. Si je t'ai offensé, toi ou quelqu'un d'autre, je m'en excuse aussi. Si tu es occupé à un point tel que tu n'as pas deux secondes pour répondre à mon appel, laisse-moi t'inciter vivement à me consacrer deux minutes de ton temps, car ce serait dans ton intérêt.» Marcy a envoyé la lettre et a apaisé sa douleur émotionnelle en l'expirant. Ensuite, elle a téléphoné deux fois et pris deux rendez-vous. Puis elle a téléphoné à une bonne amie, qui était ravie de l'entendre, et elle s'est abstenue de manger des tablettes de chocolat. Plusieurs jours après, Randy lui a téléphoné. Ils ont pris rendez-vous, et elle lui a vendu son produit, ce qu'elle continue de faire depuis.

Chaque jour, dites-vous la bonne nouvelle

Souvent, quand nous entendons une bonne nouvelle ou que quelque chose de fantastique nous arrive, nous nous empressons de téléphoner à quelqu'un pour lui en faire part. Cela nous donne l'occasion d'entendre la bonne nouvelle une seconde fois et de revivre le précieux moment. Si vous faites part de cette bonne nouvelle à quelqu'un d'un peu jaloux ou à quelqu'un qui éprouve des difficultés, vous risquez de vous apercevoir qu'il ne partage pas votre enthousiasme. Il pourrait même vous faire valoir que votre chance ne va pas durer. Il risque de faire des commentaires qui vous abattent ou qui vous fassent penser négativement.

L'exercice quotidien «Dites-vous la bonne nouvelle» renforcera à coup sûr les sentiments positifs que vous éprouvez. Si vous vous sentez bien dans votre peau chaque jour et que vous renforcez ce qui vous arrive de positif, vous acquerrez l'assurance qu'il vous faut pour vous lancer et pour remporter d'autres victoires.

L'exercice « Dites-vous la bonne nouvelle »

1. Dès que quelque chose de fantastique vous arrive — vous rencontrez la personne de vos rêves, vous obtenez une promotion, vous concluez une vente importante, vos investissements s'avèrent judicieux et vous touchez une grosse somme —, enregistrez votre jubilation sur cassette. (C'est pourquoi je vous recommande de toujours avoir sur vous un petit magnétophone.)

2. Si vous n'avez pas de magnétophone à portée de la main, téléphonez-vous et laissez un message sur votre répondeur. Manifestez la même exubérance que si vous racontiez la chose à un ami intime. Si vous ne possédez pas de répondeur, achetez-en un (surtout pour les moments clés de votre vie comme ceux-là). Il est essentiel que vous vous enregistriez dès que vous apprenez la bonne nouvelle, afin de pouvoir entendre l'excitation authentique de votre voix. Une fois rentré, enregistrez votre message sur une cassette sur laquelle vous avez rassemblé toutes les « bonnes nouvelles ».

3. Tous les matins au lever, regardez-vous dans le miroir en écoutant la cassette des « bonnes nouvelles ».

4. En continuant de vous regarder dans le miroir, affirmez ceci :
« De bonnes choses continueront de m'arriver. »
« Je suis un gagnant. »
« J'aime vivre dans le bonheur et l'exaltation, et c'est cela que je vivrai chaque jour. »
« J'ai confiance en moi, et les autres aussi ont confiance en moi. »
« Je sais que je suis quelqu'un de bien ; personne ne peut me persuader du contraire. »
« Je resterai ouvert à toutes les nouvelles possibilités. »
« Je réaliserai mon rêve et prendrai tous les moyens pour y arriver. »
« Je suis fier de la personne que je suis. »
« Je m'aime sincèrement. »
« Je viendrai en aide à quelqu'un aujourd'hui. »
« Je m'aiderai aujourd'hui. »
« Aujourd'hui sera une journée extraordinaire. »

L'un de mes clients, Wayne, ancien représentant et aujourd'hui propriétaire d'entreprises, multimillionnaire, faisait régulièrement un exercice semblable à celui-là. Chaque jour, il se regardait dans le miroir en se disant: «Wayne, vas-tu passer une journée fantastique aujourd'hui et gagner de l'argent? Bien sûr que oui. Tu vas être heureux et tu vas avoir du plaisir à gagner beaucoup d'argent.»

Cette petite conversation à une voix le motivait au point qu'il se sentait si bien dans sa peau et qu'il était si sûr de lui qu'il a pris de plus en plus de risques qui ont renforcé sa valeur non seulement sur le plan personnel mais aussi sur le plan financier.

Vous connaître, c'est vous aimer

À l'époque où je fréquentais l'école secondaire, au cours d'une fête célébrant les 16 ans d'une copine à laquelle j'assistais, on a remis à chaque invité un petit miroir comme cadeau-souvenir. Le dos du miroir avait la forme d'une marguerite aux pétales blancs et au cœur jaune. Sur la face du miroir, il était écrit: «Me connaître c'est m'aimer.» J'adorais ce petit miroir parce que, chaque fois que je m'y regardais, il me rappelait que je devais m'aimer. Il m'a fait réfléchir à mes qualités et il me les a fait apprécier. Peut-être que tous les miroirs devraient porter l'inscription en question. Mais, comme cela n'est pas possible, confectionnez cette inscription et collez-la sur le miroir que vous utilisez le plus souvent. Elle vous donnera un regain d'assurance et vous remplira la tête d'idées positives.

Le miroir de l'esprit

Si vous n'êtes pas bien dans votre peau, c'est que le miroir de votre esprit est sale, craquelé ou déformé. La technique suivante recourt à un miroir, un vrai celui-là, comme à un outil qui vous aidera à nettoyer ou à réparer votre miroir mental, celui qui vous renvoie des pensées négatives et toxiques à votre sujet. Au cours de cet exercice, vos yeux et vos oreilles verront et entendront ce qu'il y a de bon en vous; ainsi, vous commencerez à croire que vous êtes quelqu'un de bien, à l'accepter et à faire rayonner ce sentiment sur les autres.

La technique du miroir

Ceci est la suite de l'exercice « Dites-vous la bonne nouvelle ». Au lieu de le faire tous les matins, faites-le chaque fois que vous passez devant un miroir, chez vous, dans un ascenseur, dans la rue, dans les magasins, ou lorsque vous passez devant une vitrine où vous voyez votre réflexion.

1. Intérieurement, formulez votre rêve ou souhait le plus cher (ex. : je veux me marier).
2. Faites une affirmation positive (ex. : je vais me marier bientôt).
3. Adressez-vous un compliment (ex. : j'ai beaucoup à offrir ; je suis aimant et généreux).

Parfois, le simple fait de voir votre image et de vous dire quelque chose de positif sur vous-même vous mettra de meilleure humeur.

Marlena, l'une de mes clientes, dit que c'est grâce à la technique du miroir qu'elle a rencontré son mari. Chaque jour, elle se regardait dans le miroir en se disant qu'elle avait une belle silhouette, qu'elle était charmante, séduisante, une personne merveilleuse. Chaque fois qu'elle sortait le soir, elle se regardait dans le miroir en se disant : « Marlena, tu es la meilleure et la plus belle ; tu rencontreras un homme fantastique, qui s'éprendra de toi et te sera fidèle. Tu vas te marier cette année. » Dix mois plus tard, elle épousait un homme fantastique. J'ai été sa première demoiselle d'honneur.

Parlez gentiment à la personne la plus extraordinaire que vous connaissiez : vous-même

Comment pouvez-vous attendre des autres qu'ils vous parlent gentiment ou qu'ils vous traitent avec respect si vous vous parlez méchamment à vous-même et si vous ne vous traitez pas vous-même avec le respect que vous méritez ?

L'une de mes clientes, actrice, répétait à qui voulait l'entendre qu'elle détestait ses cheveux. Au cours d'une réception, elle a rencontré un agent de distribution artistique qui travaillait dans la publicité. Quand elle s'est éloignée, un autre agent a demandé au premier s'il envisageait « d'utiliser les services de la magnifique femme » avec qui il venait de bavarder dans le message publicitaire pour lequel il distribuait des rôles.

L'agent a répondu : « Non, ses cheveux sont horribles. » Les cheveux de la jeune femme n'étaient pas « horribles ». La seule chose de horrible, c'était la façon négative qu'elle avait de parler d'elle-même aux autres. L'impression négative qu'elle se faisait d'elle-même déteignait sur les gens. Si elle disait du mal de sa propre personne, ils se sentaient libres d'en dire aussi. C'est ce qui explique l'échec de ses efforts pour se trouver du travail au cours de cette réception à Hollywood.

Lorsque vous déclarez que vous êtes trop gros, que vous êtes stupide ou que vous n'êtes pas fiable, les autres feront de même parce qu'ils estiment que vous vous connaissez mieux que quiconque. Si vous pensez que vous êtes trop gros, c'est sans doute que vous l'êtes. Si vous pensez que vous êtes stupide, c'est que vous l'êtes sans doute aussi.

Apprenez à vous dire des choses gentilles et aimantes. Par exemple, si vous laissez tomber un verre ou renversez quelque chose, ne vous dites pas que vous êtes idiot ou maladroit. Ce serait vous agresser verbalement. Soyez plus gentil envers vous-même : « Ce n'est pas grave, mon chou », « Ne t'en fais pas pour ça ». Il est essentiel que vous vous parliez en utilisant des termes affectueux : « mon chou », « chéri », « mon ange », et ainsi de suite. Dites-vous ces choses de la même façon que vous les diriez à quelqu'un que vous adorez et que vous respectez.

Si vous vous parlez négativement (« Je ne peux pas faire cela. » « La malchance s'acharne sur moi. » « Je ne fais jamais rien de bien. »), vous allez finir par devenir ce que, à tort, vous vous accusez d'être. En revanche, si vous vous dites que vous allez réussir, que telle ou telle chose fantastique vous arrivera, vous vous programmez de telle sorte que votre esprit se concentrera sur ces choses de manière positive. Nous connaissons tous le pouvoir de la pensée positive, qui se transforme en action positive et qui a un merveilleux effet d'entraînement sur nos rencontres quotidiennes avec les autres.

La puissance des mots

Je crois fermement à la puissance des mots. Ce que vous dites annonce qui vous êtes et ce que vous provoquerez pour vous et pour les autres.

Votre cerveau a besoin de pensées saines pour nourrir votre âme. Si vous vous répétez que vous êtes fantastique, merveilleux ou fabuleux, vous commencerez à le croire et à le devenir. C'est ce qui est arrivé à un jeune homme de 19 ans originaire du Mississippi, Cassius Clay. Lorsqu'il est devenu boxeur professionnel, il a clamé effrontément au monde entier qu'il était le meilleur. Il se savait doué et était sûr de son habileté dans le ring. Aussi effronté que son comportement ait pu paraître à certains, Clay savait qu'il était le meilleur et il le criait à tous vents. Il est devenu le grand Mohammad Ali, le plus célèbre des poids lourds du monde.

Ce que vous croyez, dites et répétez aux autres sera. Je ne crois pas à la superstition qui voudrait que l'on ne parle pas d'une chose avant qu'elle arrive. Parlez-en, d'une manière positive et enthousiaste, en connaissance de cause. Il sera ainsi plus probable que de bonnes choses vous arriveront, parce que vous attirerez le positif grâce à votre enthousiasme.

N'écoutez pas les personnes négatives : fiez-vous toujours à votre instinct !

Vous est-il déjà arrivé de penser que vous auriez dû faire telle ou telle chose, mais ne l'avez pas fait parce que quelqu'un vous en a dissuadé, pour ensuite regretter de ne pas l'avoir fait ?

Avez-vous déjà fait quelque chose, malgré les mises en garde ou objections des autres, pour constater ensuite que c'est ce qui vous est arrivé de mieux ?

C'est le cas de Sarah. Travaillant pour une revue médiocre, elle voulait se trouver un meilleur poste, dans une revue plus intéressante. Au cours d'une réception, elle a fait la connaissance du rédacteur en chef d'une grande revue. Elle mourait d'envie de lui parler de ses projets, mais ses amis l'en ont dissuadée : « Il ne voudra jamais te rencontrer. Tu t'exposes à te faire rejeter. » Malgré cela, Sarah s'est levée et s'est dirigée vers lui. Le courant a passé entre eux ; aujourd'hui, elle est rédactrice dans l'une des revues féminines les plus prestigieuses du pays.

C'est ce que l'on appelle se fier à son instinct. C'est savoir que vous savez ce que vous savez. Au fond de vous, vous savez ce qui vous rend heureux et ce que vous devez faire, dans chaque situation, pour y parvenir. Soyez attentif à votre voix intérieure; écoutez-la pour éviter les ennuis. Si vous l'écoutez et vous y fiez, des choses magnifiques continueront de se produire dans votre vie. Votre voix intérieure vous permet de rester fidèle à vous-même, à la vraie personne que vous êtes.

Quand l'héritière Ann Miller a fait don de ses millions et a renoncé à son cercle rempli de célébrités, à ses voyages, à ses somptueuses résidences, à ses bijoux et ses vêtements luxueux, tout le monde a cru qu'elle était devenue folle. Cependant, elle savait ce qu'elle faisait. Tout au long de sa vie de privilégiée, elle a cru que la vie avait quelque chose de plus important à lui apporter que la fortune. Pour elle, c'était le développement spirituel et la paix intérieure. Personne ne pouvait la convaincre du contraire. Elle s'est fiée à son instinct. Depuis qu'elle a fait vœu de pauvreté et qu'elle est devenue carmélite, elle est plus heureuse et plus épanouie que jamais.

Le corps ne ment jamais

Votre corps ne ment jamais; soyez-y donc attentif. N'écoutez pas seulement votre tête et vos valeurs; écoutez votre corps qui vous dira ce qui est bien et ce qui ne l'est pas. Votre corps peut vous servir de baromètre et vous indiquer si vous devriez faire ceci ou ne pas faire cela.

Keith, médecin, s'est vu offrir un poste dans un hôpital situé à l'autre bout de la ville. Il gagnerait 20 000 dollars de plus l'an, et se rapprocherait de son domicile. Dans ses nouvelles fonctions, il enseignerait aux internes, tâche qui l'intéressait au plus haut point.

Lorsqu'il est entré dans mon cabinet et m'a parlé du poste qu'il avait l'intention d'accepter, sa voix m'a paru terne et morose. Ce n'était pas la voix d'un homme qui s'apprêtait à conquérir le monde, à assumer un nouveau poste. Je le lui ai fait remarquer. Il m'a dit que depuis cette offre d'emploi, il avait perdu le sommeil, en plus de maigrir (il vomissait tout le temps) et de souffrir d'éruptions cutanées et d'un mal de tête constant.

Je lui ai conseillé de refuser le poste, puisque son corps lui lançait de clairs signaux d'alarme. Son visage s'est éclairé d'un sourire: «Je suppose que, au fond, je ne veux pas de ce poste parce que je suis au courant de toute la petite politique qui envenime l'atmosphère dans ce service. Je redoute de travailler pour l'homme qui serait mon patron, car je sais qu'il me fera la vie dure.»

Une autre de mes clientes, dès ses fiançailles, a commencé à avoir un tic aux paupières ainsi que des migraines. Trois mois plus tard, après avoir rompu avec son fiancé, son tic et sa migraine ont miraculeusement disparu. Son corps lui criait de dire «non» à cet homme qui, elle l'a découvert plus tard, était un joueur compulsif criblé de dettes.

Comment écouter votre corps et vous fier à votre instinct

1. Analysez votre respiration. Est-elle irrégulière ou laborieuse, ou encore superficielle et rapide ? Ce sont là des signes de tension et d'anxiété. Souvent, lorsque l'on est stressé, les muscles de la poitrine se crispent et provoquent une respiration anormale.

2. Soyez attentif à la tension de votre visage. Froncez-vous les sourcils ou pincez-vous les lèvres ? Plissez-vous le front ?

3. Analysez votre voix. Est-elle plus aiguë que d'habitude, ce qui révélerait une tension dans les muscles de la gorge et du cou ? N'est-elle pas trop forte ? Commencez-vous vos phrases par un éclat de voix ? Cela pourrait être dû à la tension et à un sentiment d'impuissance et de perte de contrôle. Parlez-vous trop bas, ce qui serait un signe d'insécurité et de manque de confiance en soi ? Votre voix est-elle triste, ennuyeuse, lente, monotone ou sans vigueur, ce qui indiquerait que vous n'êtes pas très heureux ou que vous croyez l'échec inévitable ?

4. Avez-vous des démangeaisons ? Votre peau est-elle froide et moite ? Avez-vous des rougeurs ? Perdez-vous tout à coup vos cheveux ? Votre système nerveux autonome vous met peut-être en garde contre quelque chose que vous ne devriez pas faire.

5. Avez-vous mal à l'estomac, à la tête ou à la poitrine ? Comme bien des gens, vous intériorisez peut-être votre stress, qui doit se manifester d'une façon ou d'une autre. Il pourrait prendre la forme d'une diarrhée, d'une migraine ou de troubles circulatoires risquant d'entraîner une crise cardiaque ou un accident cérébro-vasculaire.

6. Avez-vous des maux de tête, des maux de cou ou des tics nerveux ? Le stress se manifeste souvent dans le visage, le cou ou le dos. Si vous avez soudainement des douleurs dans ces régions et que vous n'avez rien fait pour fatiguer ces muscles (sport, mani-

pulation d'objets lourds), vous extériorisez peut-être votre stress dans ces régions du corps.

7. Oubliez-vous souvent ceci ou cela? Omettez-vous de faire des choses que vous êtes censé faire? Votre esprit est peut-être surchargé par le stress que vous causent l'évaluation des possibilités dont vous disposez et la prise d'une décision. Par conséquent, votre esprit s'enraie ou saute quelques tours afin de faire face au stress.

8. Analysez votre niveau d'énergie. Vous sentez-vous vidé? Avez-vous constamment envie de dormir? Cela pourrait indiquer que votre corps est surchargé et qu'il pressent qu'un grave problème est sur le point de lui arriver. Par conséquent, il évite d'affronter ce problème. Votre organisme pourrait aussi être épuisé par le conflit intérieur que vous traversez lorsque vous essayez de prendre une décision.

Jamais plus victime!

Chaque fois que je suis invitée à une causerie télévisée, je dialogue inévitablement avec certains des êtres humains les plus frustrants de la terre. Quels que soient les conseils que je leur prodigue, ils ne me comprennent pas. Ils ne se rendent pas compte que ce sont eux et personne d'autre qui sont responsables de leurs actes. Ce sont eux qui doivent prendre certaines décisions, se fixer certaines limites et faire en sorte que des choses positives leur arrivent. Ils doivent comprendre qu'ils ont le choix dans la vie, qu'ils ne sont pas obligés de rester avec quelqu'un qui les trompe, ou qui les maltraite sur le plan physique ou psychologique.

J'en suis arrivée à la conclusion que beaucoup de gens se complaisent à être des victimes. Ils refusent de croire qu'ils ne sont pas nés victimes et qu'ils peuvent se prendre en main pour mener une vie meilleure. Lorsque Geraldo Rivera, homme généreux et engagé, offre à des adolescents des bourses d'études de quatre ans à l'université de leur choix — bourses qu'il paie de sa poche parce qu'il est persuadé que ces jeunes doivent étudier afin de pouvoir quitter la rue et améliorer leur vie — et que ceux-ci refusent, j'ai envie de crier.

Lorsque Gordon Elliott ouvre son grand cœur pour dire aux gens qu'il va payer leur thérapie, les aider à recoller les morceaux de leur vie, et que ceux-ci refusent, j'ai envie de baisser les bras et d'accepter la défaite.

«On peut conduire le cheval à la rivière mais on ne peut le forcer à boire», dit-on. Toute l'aide du monde ne peut aider les soi-disant victimes à échapper à leur sort si elles ne le veulent pas.

Se comporter en victime ne donne rien de bon. Et, malheureusement, les gens continueront de faire de vous une victime si vous ne réagissez pas. Si vous ne fixez pas de limites aux autres et avez l'impression de ne pas avoir le choix, et si vous refusez l'aide des autres, vous resterez une victime. Et, tandis que vous vous apitoierez sur votre sort, les autres continueront de vous témoigner le même manque de respect que vous vous témoignez à vous-même.

Le dire aux gens lorsqu'ils dépassent la mesure

Personne n'a le droit de vous faire du mal sur le plan physique ou émotionnel. Personne n'a le droit de vous dénigrer, de vous insulter, de vous blesser. Fixez des limites et dites-le aux gens lorsqu'ils dépassent la mesure. En ce qui me concerne, dénigrer quelqu'un est un acte de violence tout aussi destructif qu'une agression physique.

Vous devez immédiatement affronter les gens qui blessent votre amour-propre. Faites-leur savoir en termes clairs et directs que ce qu'ils vous ont dit est blessant et inacceptable. Dans *Ces gens qui vous empoisonnent l'existence,* je propose plusieurs manières de traiter ces personnes «toxiques», par exemple, les affronter directement, imiter leur comportement offensant ou les interroger calmement pour leur prouver par a + b que leurs remarques ou opinions sont absurdes, ridicules ou stupides. Quelle que soit la technique choisie, ne laissez jamais leurs commentaires négatifs vous blesser. Votre santé affective passe avant eux, et vous devez les traiter en conséquence.

Dès que vous apercevrez ces gens, fuyez à toutes jambes!

Il existe, comme je l'écrivais dans *Ces gens qui vous empoisonnent l'existence,* 30 types distincts de terreurs toxiques — dont bon nombre ne seront toxiques pour vous que si votre personnalité s'y prête. Mais certains de ces types sont universellement toxiques. Prenez la poudre d'escampette chaque fois que vous rencontrez quelqu'un qui est mesquin, hypocrite, critique ou victime perpétuelle. Ces gens causent aux autres des ennuis et des problèmes.

Même si vous pensez être capable de faire face à n'importe quel type de personne toxique, écoutez ceci : selon qui elle est et selon le rôle qu'elle joue dans votre vie, éloignez-la de vous si vous voulez vous sentir bien dans votre peau et demeurer votre meilleur ami. Utilisez de l'ail, une amulette ou n'importe quel autre moyen pour chasser à tout jamais de votre vie ces «vampires énergivores».

Les gens mesquins sont stupides. Ils sont si préoccupés par les petites choses insignifiantes de la vie qu'ils ne la voient pas dans sa globalité. Confucius en avait long à dire à ce sujet ; sa lecture vous éclairera.

Vous ne pouvez jamais faire confiance aux hypocrites. Ils potineront à votre sujet, allant jusqu'à mentir. Versatiles et opportunistes, ils ne vous seront loyaux que si le vent ne tourne pas contre vous. Flagorneurs, ils chanteront vos louanges devant vous, pour ensuite vous dénigrer dans votre dos. Confucius trouvait honteux de se comporter en ami avec quelqu'un en lui cachant qu'on a une dent contre lui. Les hypocrites sont motivés par l'envie, et l'envie cherche à détruire. Par conséquent, ils vous saboteront et saboteront vos efforts chaque fois qu'ils le pourront. Ces gens sont à craindre, car ils nourrissent secrètement une profonde animosité contre vous, ce que vous ignorerez jusqu'au moment où vous ferez un commentaire qui leur déplaira : ils exploseront alors comme une bombe. (Avant d'exploser, ils vous feront généralement sentir qu'ils ne vous aiment guère, en imprégnant leurs commentaires de sarcasme, de compliments équivoques et de remarques caustiques.)

Enfin, si vous fréquentez des victimes perpétuelles, vous serez entraîné dans l'abîme du désespoir. Impossible de gagner avec elles. En leur présence, vous vous sentirez toujours abattu, comme si elles vous vidaient de toute votre énergie. Si vous aviez le «malheur» de vous sentir bien dans votre peau et de le montrer, elles veilleraient à ce que ce bonheur soit de courte durée. «Lorsque l'on couche avec des chiens on attrape des puces», dit-on. Si vous fréquentez des victimes perpétuelles, leurs problèmes et leurs ennuis constants ne manqueront pas de déteindre sur vous.

Rendez-vous un service : ne laissez jamais l'une de ces personnes toxiques entrer dans votre vie, jamais au grand jamais. Si, malheureusement, il s'agit d'un membre de votre famille, coupez les ponts avec lui, pour de bon. Après l'avoir fait, vous serez étonné de constater à quelle vitesse le stress disparaîtra de votre vie, que votre esprit positif retrouvé rendra infiniment plus heureuse.

Il arrive que l'on possède soi-même certains « traits toxiques ». Après tout, personne n'est parfait. Le secret consiste à nous surveiller chaque fois que des comportements toxiques se manifestent. Si cela se produit constamment, mieux vaut consulter un thérapeute qui nous aidera à chasser ces démons. Sinon, nous ne pourrons jamais attirer les bons amis ni amener les personnes extraordinaires à enrichir la qualité de notre vie.

Faire face à la douleur du rejet sans s'autodétruire

Rien n'est plus frustrant, plus épuisant sur le plan émotionnel, plus humiliant et plus douloureux que d'être rejeté. Quoi qu'on puisse vous en dire, il fait mal. Personne ne veut être rejeté. Personne ne veut sentir qu'il n'a aucune pertinence ou aucune importance pour quelqu'un d'autre. Personne. Malheureusement, cela arrive à tout le monde. L'ennui, c'est que nous avons tendance à projeter ce rejet vers l'intérieur, à remonter jusqu'à la source de toute notre insécurité et à nous vautrer dans notre souffrance. Trop souvent, nous nous enfermons dans cette tanière sombre, menaçante et destructrice. Nous essayons d'atténuer la douleur de bien des façons : drogue, alcool, nourriture, sommeil, sexe, cigarette, négligence en matière de santé et d'hygiène personnelle, procrastination.

Il existe des moyens susceptibles de vous aider à mettre ce phénomène de rejet en perspective, afin que vous ne vous tranchiez pas les poignets ou que vous ne vous jetiez pas en bas du pont. Voici quelques-uns d'entre eux, qui vous permettront de recouvrer votre santé mentale et le sentiment de votre propre valeur :

Moyens de mettre le phénomène de rejet en perspective

1. Comprenez que « non » peut vouloir dire « pas pour l'instant ».
2. Si difficile que cela soit, essayez de voir les choses dans la perspective de l'autre.

3. Partagez vos réactions émotionnelles au rejet avec les personnes qui vous aiment, qui vous encouragent et qui accueillent vos confidences avec bienveillance.

4. Voyez si vous ne pourriez pas tirer quelque leçon du prétendu motif de ce rejet. Si ce motif n'est pas trop stupide, peut-être voudrez-vous apporter quelques changements à votre vie.

5. Débarrassez-vous de vos vices. Ne vous vengez pas sur vous-même. Vous avez trop de prix pour cela. Vous comporter négativement envers vous-même ne fera de mal à personne d'autre que vous ; les quelques secondes de plaisir que vous pourriez en tirer ne valent pas les problèmes à long terme que cela pourrait vous causer.

6. Les gens nous disent souvent des choses merveilleuses, mais, plus souvent encore, nous avons tendance à les ignorer pour n'entendre que les choses méchantes et négatives. Lorsque les gens nous complimentent, évitons de les remballer avec des remerciements de pure forme. Écoutons et savourons leurs belles paroles, restons-en imprégnés toute la journée, et si possible toute la vie. Pensez à tous ces mots et commentaires gentils dont vous avez fait l'objet ; consignez-les dans le petit carnet que vous portez toujours sur vous. De plus, la prochaine fois que vous recevrez un compliment, notez-le dans votre carnet. Collectionnez ces bouquets de paroles aimables. Ils ne perdront jamais leur beauté ni leur fragrance malgré le passage du temps. C'est là un bon moyen de renforcer l'estime que vous avez de vous-même. Vous serez de meilleure humeur, surtout si vous venez d'essuyer un rejet.

Gardez aussi un dossier de toutes les lettres d'admirateurs que vous recevez. Gardez les cartes de félicitations, celles qui disent à quel point on vous apprécie. Quand vous vous sentez déprimé, lisez et relisez-les. Cet exercice vous remontera le moral. Personnellement, je le trouve très efficace ; il m'aide même à apprécier le travail que je fais pour aider les autres.

7. Si vous êtes de mauvaise humeur et que vous souhaitez vous sentir mieux sur-le-champ, pensez aux gens qui vous font rire ou sourire, ou à ceux qui vous réchauffent le cœur. Pourquoi ne pas garder une photo de ces personnes dans votre portefeuille ? Regardez ces photos de temps en temps pour rester positif. Je fais cet exercice régulièrement ; il donne de merveilleux résultats.

8. Remplacez vos vices par de bonnes choses qui vous dorlotent. Traitez-vous comme le prince ou la princesse que vous avez toujours voulu être. Ne riez pas: cette technique est très efficace. Chaque jour, faites tout ce que vous pouvez pour améliorer votre image extérieure et votre image intérieure. Prenez soin de vous. Dorlotez-vous. Faites plaisir à la personne la plus importante du monde: vous. Mieux vous vous sentirez, plus vous vous traiterez avec tendresse et amour. Quand les autres verront que vous vous traitez bien, ils feront de même et vous accorderont le même respect que vous vous accordez.

Voici une liste que vous devrez parcourir tous les jours pour veiller à ce que toutes les dimensions de votre personne physique soient examinées de près, soignées et dorlotées.

Dorlotez votre corps, votre image extérieure

1. Soyez toujours conscient de votre hygiène personnelle. Utilisez les meilleurs parfums et dorlotez-vous quotidiennement avec les shampooings et produits pour le bain les plus agréablement parfumés.
2. Faites attention à votre hygiène dentaire; consultez un dentiste régulièrement.
3. Soignez vos ongles; que vos mains soient douces et, surtout, propres. Homme ou femme, allez régulièrement chez la manucure.
4. Surveillez votre teint. Cherchez les endroits rudes et les taches. Utilisez les lotions et médicaments qui rendront votre peau saine. Portez toujours un écran solaire pour prévenir les dommages à la peau et le mélanome, qui peut être fatal.
5. Faites-vous nettoyer les oreilles régulièrement chez un spécialiste qui en enlèvera la cire pour que vous entendiez mieux, ou recourez à la méthode holistique de la bougie, qui assure une très bonne hygiène de l'oreille.
6. Obtenez les soins médicaux dont vous avez besoin et faites un bilan de santé annuel. Consultez immédiatement un médecin si quelque chose d'inhabituel vous arrive sur le plan physique. Plus les soins seront prompts, plus il sera probable que votre problème sera réglé.

7. Si votre apparence vous déplaît, à notre époque il n'y a pas de raison de continuer de souffrir. Vous pouvez faire beaucoup de choses pour améliorer votre corps et ainsi vous sentir mieux dans votre peau et gagner en assurance. Comblez vos besoins d'ordre esthétique régulièrement: contrôle du poids, maquillage, soins des cheveux.

8. Mangez bien, sans vous priver. Si vous avez envie de consommer tel ou tel aliment, allez-y, mais avec modération. La vie est trop courte pour que l'on n'apprécie pas les plaisirs de la table.

9. Buvez de l'eau. Vous avez besoin de liquide pour rester en bonne santé.

10. Dormez chaque fois que vous en ressentez le besoin. Si vous éprouvez de la difficulté à dormir, profitez de ce moment de veille pour écrire un mot d'appréciation à quelqu'un, pour lui dire que vous le trouvez extraordinaire. Ne vous tenez pas rigueur d'être incapable de dormir. Dorlotez-vous plutôt: tisanes, biscuits, revue, livre ou télévision… jusqu'à ce que le sommeil vous gagne. L'une des raisons qui font que les gens sont irritables et peu productifs durant la journée, c'est la fatigue; ils ont besoin d'un somme. Les enfants grognons cessent de l'être quand ils sont reposés. Pourquoi en serait-il autrement chez les adultes? Même si ce n'est pas très commode, au lieu de prendre un café durant la pause du midi, allez faire un somme dans votre voiture. Beaucoup de gens se donnent le repos dont ils ont besoin durant la journée en faisant une pause méditation de vingt minutes. Par la suite, ils se sentent ragaillardis, comme s'ils avaient dormi pendant des heures, et ils sont prêts à reprendre le collier. Après cette pause brève mais essentielle, ils constatent qu'ils ont davantage de résistance physique et qu'ils sont plus alertes.

11. Vous n'avez pas besoin de jouer aux athlètes olympiques. Contentez-vous de vous adonner chaque jour à un type d'activité physique pour rester en forme. Bougez! Faites le tour du bloc. Gravissez quelques escaliers. Travaillez un peu dans votre jardin.

Dorlotez votre être intérieur

Il est tout aussi important de dorloter votre être intérieur que votre personne extérieure. Lisez attentivement ces principes directeurs. Essayez de les suivre religieusement.

1. Déchargez-vous de votre excédent de bagage émotionnel dans le cabinet d'un thérapeute ou auprès de vos amis intimes. Pas de jérémiades à toutes les personnes de votre entourage. Elles ne souhaitent peut-être pas les entendre et vos plaintes ne feront que vous faire mal voir des autres.

2. Dissipez toute haine en vous de crainte qu'elle ne vous consume. Libérez-vous-en. C'est cela le vrai sens du pardon.

3. Ne soyez pas rancunier. Le passé reste le passé, inutile de ressasser de vieilles rancunes. Sachez que les sentiments négatifs que vous faites circuler vous reviendront.

4. Souriez-vous sans raison. Le sourire se propage souvent du visage jusqu'à l'âme. C'est une façon de transmettre le bonheur de l'extérieur vers l'intérieur.

5. Ne soyez pas rapace! Rappelez-vous que les porcs engraissent mais que les cochons vont à l'abattoir. Prenez ce qui vous revient, mais n'exagérez pas.

6. Poussez pour avancer, mais ne bousculez personne.

7. Apprenez quelque chose que vous avez toujours voulu savoir, une langue, un sport ou un instrument de musique.

8. Lisez, lisez, lisez! Ainsi, vous acquerrez de nouvelles connaissances chaque jour.

9. Mettez de l'ordre dans vos placards. Un placard propre et bien organisé est souvent le reflet d'un esprit clair et bien organisé. Prenez le contrôle de vos placards, de votre maison, de votre table de travail, de votre bureau et de votre voiture. Plus vous vous rendrez maître de votre environnement, plus vous serez maître de votre vie.

10. Redécorez votre maison ou une pièce de celle-ci. Cela symbolise un nouveau départ dans un nouvel environnement, et vous donnera une nouvelle vigueur. Parfois, le simple fait de déplacer un meuble peut vous donner un sentiment de nouveauté et rehausser votre créativité.

11. Prenez des décisions conscientes et consciencieuses. Beaucoup de gens trouvent difficile de prendre des décisions justes. Ils craignent de dire non ou de blesser les autres. Souvent, ils finissent par se faire du mal à eux-mêmes en prenant la mauvaise décision, parce qu'ils recherchent l'approbation des autres en toute chose. Il est essentiel d'analyser tous les aspects d'une

situation, le pour et le contre, avant d'en arriver à une conclusion. Comprenez que vous êtes le mieux placé pour savoir ce qui est bon pour vous et ce qui est dans votre intérêt. Alors, décidez-vous et respectez votre décision.

12. Réservez-vous régulièrement des périodes d'inactivité. Des études révèlent que celles-ci allègent le stress. Un petit somme peut vous redonner de l'énergie. Il en est de même pour les activités sans conséquence : caressez votre chat ou votre chien, faites une promenade, téléphonez à un ami, mettez de l'ordre dans vos dossiers ou rangez votre tiroir de chaussettes. Après ce petit repos, vous serez deux fois plus productif et votre esprit sera plus clair.

13. Développez votre spiritualité. Bien sûr, je n'oserais jamais vous dire comment croire, comment prier ou quelle religion adopter. Je constate que les personnes qui ont une vie spirituelle sont beaucoup plus heureuses que les autres et ont une paix intérieure plus profonde. Si vous êtes né dans une religion, vous voudrez peut-être y revenir pour en étudier les enseignements. Vous verrez peut-être que, avec l'âge, vous les comprenez mieux et les appréciez davantage. En revanche, si cette religion ne vous convient pas, explorez d'autres systèmes de croyances, d'autres façons d'assurer votre croissance spirituelle. Quoi que vous croyiez, qui que vous adoriez, vous n'atteindrez à la paix intérieure que si vous pouvez vous tourner vers une foi dans les moments difficiles.

Estimez-vous heureux

L'une de mes chansons favorites est *Count My Blessings,* de Shelley Peiken et Jeff Bernstein. Chaque fois que je l'écoute, j'ai des frissons, surtout quand j'entends les incroyables harmonies des quatre membres des Nylons, un groupe «rockapella». Voici un extrait de l'une de leurs chansons; il vous aidera certainement à remettre les choses en perspective :

Dans toutes les situations,
Je prends le bon avec le mauvais.
Malgré les hauts et les bas,
Je ne suis pas obligé d'être triste.

Je pense aux enfants qui ont faim
Et qui n'ont rien à manger,
Je pense aux sans-abri,
Qui vivent dans la rue
(Refrain)

Chaque soir, avant de m'endormir
Je m'estime heureux
Je dis une prière pour mon âme
Et je m'estime heureux.

Quand j'entends les gens se plaindre,
Je me bouche les oreilles.
Je pense à ceux dont la vie a été volée,
Et je remercie le ciel d'être encore là.

J'ai de l'argent en poche,
Une main à serrer dans la mienne.
J'ai quelqu'un à mes côtés, tout proche,
Quand l'hiver devient trop froid.
(Refrain)

Les choses prennent une tout autre allure quand nous regardons ce que nous avons et l'apprécions, au lieu de nous lamenter pour ce que nous n'avons pas.

Afin de mettre nos ennuis en perspective, rappelons-nous toujours l'histoire de l'homme qui se plaignait toujours de ne pas avoir de chaussures, jusqu'au jour où il a vu que son voisin n'avait pas de pieds.

Chaque jour, estimez-vous heureux d'avoir ce que vous avez. Voici un exercice que je fais souvent et que je conseille à mes clients de faire lorsqu'ils sont déprimés ou que des pensées négatives leur viennent à l'esprit.

Exercice « Estimez-vous heureux »

1. Décrivez par écrit la nature de votre problème ou difficulté.
2. Juste en dessous de cette description, notez ce qui serait un problème encore plus grave.

3. Revenez à votre problème initial et, en faisant comme si vous étiez le meilleur ami, le parent, le mentor ou le conseiller de quelqu'un, formulez par écrit ce que serait la solution idéale du problème.

4. Énumérez ensuite toutes les mesures que vous pourriez prendre pour résoudre ce problème. Écrivez tout ce qui vous passe par la tête, même si c'est ridicule. Ne vous censurez pas.

5. Maintenant, passez à l'action. Résolvez votre problème d'une manière intelligente et systématique. Adoptez les meilleures des solutions que vous aurez consignées à l'étape 4. Prenez le risque. Saisissez la chance. Veillez toutefois à ce que votre solution ne blesse personne, c'est la seule restriction.

6. Dressez la liste de tous les bonheurs dont vous jouissez. Inscrivez le nom de toutes les personnes extraordinaires qui ont enrichi votre vie dans le passé ou qui peuplent votre vie aujourd'hui. Dressez la liste de tout ce que vous avez: éducation, famille, et ainsi de suite. Gardez toujours cette liste sur vous; ajoutez-y au fil des jours même les choses les plus dérisoires. Par exemple, si votre médecin a guéri le petit bobo qui vous irritait, notez-le. Appréciez toutes les bonnes choses dont vous disposez.

7. Lisez cette liste chaque fois que vous vous sentez triste ou que vous voulez vous remonter le moral.

Acceptez l'aide des autres: vous la méritez

Souvent, les gens sont trop fiers, ils ne veulent pas abuser de la générosité des autres ou ils se croient capables de s'en sortir eux-mêmes. La vérité, c'est qu'ils s'accordent si peu de valeur qu'ils ont le sentiment de ne pas mériter l'aide des autres. Comme vous le dira tout homme d'affaires qui a réussi, la clé de la réussite et du bonheur ultime consiste à saisir toutes les occasions qui se présentent. Celles-ci prennent toutes les formes. Vous devez accepter de bon cœur l'aide que les autres vous offrent et franchir les portes qu'ils sont disposés à vous ouvrir. Si vous n'êtes pas proactif quand vient le moment de téléphoner à un contact que l'on vous a donné, ou de faire le suivi de votre appel, ou si vous ne faites pas l'impossible pour que se développent certaines relations potentiellement extraordinaires, c'est un peu comme si vous jetiez à la poubelle le million de dollars qu'on vient de vous donner.

Lorsque vous commencerez à vous sentir bien dans votre peau, vous comprendrez que vous avez de la valeur et que vous avez le droit de profiter des gestes généreux que votre entourage fait pour vous.

Du fait qu'ils vous imiteront, les gens voudront en faire encore davantage pour vous aider à améliorer telle ou telle dimension de votre vie. Comme ils auront observé votre comportement respectueux et positif envers vous-même, ils vous traiteront généralement de la même façon.

CHAPITRE 6

Comment devenir pour les autres une personne extraordinaire

- La réciprocité est essentielle pour être une personne extraordinaire
- Lorsque de bonnes choses arrivent à de bonnes gens
- Êtes-vous une personne extraordinaire pour quelqu'un?
- Les dix principes permettant d'être une personne extraordinaire pour les autres

Avez-vous déjà remarqué qu'il y a des gens que tout le monde semble aimer et adorer? Rares sont ceux qui ne les apprécient pas ou qui n'ont aucun commentaire positif à formuler sur eux. Ces gens sont populaires; ils ont peu d'ennemis, s'ils en ont, et semblent s'entendre à merveille avec quiconque ils rencontrent. En fait, «les connaître, c'est les aimer».

Leeza Gibbons, l'animatrice de causerie télévisée, est l'une de ces personnes extraordinaires. Comme tous ceux qui la connaissent, j'aime Leeza. Elle est aussi belle à l'intérieur qu'à l'extérieur. Tous ceux qui entrent en contact avec elle — son personnel, ses invités, les médias, le public — vous diront la même chose. Ils aiment Leeza.

Pourquoi? Parce que Leeza est authentique. Elle n'est pas hypocrite. Elle est honnête et digne de confiance. Elle n'exploite jamais les gens. À l'époque où les animateurs de causeries télévisées ne reculaient devant rien pour s'assurer une bonne cote d'écoute, Leeza, comme Oprah Winfrey, ne s'est jamais trahie. Ces deux femmes ont toujours agi avec décence, intégrité et humanité, choisissant toujours la voie de l'honneur et du respect, même quand cette voie n'était pas populaire.

Ce qui rend des gens comme Leeza et Oprah si extraordinaires, c'est qu'elles savent comment l'être pour les autres. Mieux vous traitez les gens, meilleur vous devenez. Presque toutes les grandes religions mettent de l'avant ce principe universel : vous recevrez ce que vous donnerez.

La réciprocité est essentielle pour être une personne extraordinaire

Que ce soit dans l'Ancien Testament : « L'âme bienfaisante sera rassasiée », dans le Nouveau Testament : « On récolte ce que l'on sème », dans le principe hindou du karma — faire le bien aux autres, qui le rendent —, dans la philosophie bouddhiste de « cause et effet », ou même dans le vieux dicton japonais : « Ce que vous faites pour les autres, les dieux vous le rendent », on voit bien la relation de réciprocité qui existe entre donner et recevoir.

La plupart d'entre nous ne sont pas manipulateurs et ne donnent pas dans le seul but de recevoir. Nous donnons dans le seul but de donner. Et, grâce à ces dons, nous finissons par recevoir. Un vieux dicton chinois dit que, lorsque nous donnons une rose à quelqu'un, le parfum en subsiste sur nos mains.

Cet exemple de la rose illustre bien le concept de réciprocité. Les bébés le connaissent mieux que quiconque lorsqu'ils arrivent au stade de leur développement, qui se situe entre 9 et 12 mois, où ils vous donnent des choses. Qu'ils placent leur jouet préféré ou un bout de biscuit mâchouillé dans votre main, ils sont ravis de voir que vous êtes content qu'ils vous aient donné quelque chose. Plus vous semblez heureux, plus ils répéteront fréquemment ce geste de don. Ils se réjouissent d'avoir suscité chez vous une réaction positive à leur égard, ce qui les fait se sentir bien et les incite à manifester de nouveau le même comportement. Lorsque vous répondez à leur geste en leur donnant quelque chose (comme un jouet), ils sourient et verbalisent leur ravissement par des gazouillis avant de vous donner la preuve ultime de leur appréciation en mettant votre « cadeau » dans leur bouche.

En manifestant que vous appréciez leur geste, vous les encouragez à donner davantage, tout comme eux, en appréciant le vôtre, vous incitent à faire de même. C'est sur cette réciprocité que se fondent toutes les relations extraordinaires.

On donne, on reçoit. Lorsqu'une relation est à sens unique, lorsque l'une des parties donne et que l'autre se contente de recevoir, ou ne donne pas de la même façon, la relation cesse d'être extraordinaire. La relation non réciproque suscite généralement ressentiment et conflits. Qu'il s'agisse d'une relation d'affaires, d'une amitié ou d'une union conjugale, en l'absence de réciprocité la relation souffrira et finira par s'étioler, parce que des sentiments négatifs apparaîtront inévitablement.

Personne n'aime se sentir utilisé ou exploité. La frustration que suscite le don sans retour se transforme vite en comportement d'autodestruction, voire en colère ouverte. Songez à ce qui se passe quand vous mettez des pièces de monnaie dans un distributeur automatique et que rien n'en sort. Vous poussez de nouveau sur le bouton de votre choix. Puis sur le bouton de retour de votre monnaie. Si rien ne sort de la machine, il est probable que vous lui assènerez un bon coup de poing. Vous êtes fâché, et à juste titre. Il est naturel de se fâcher et de se sentir frustré lorsque l'on n'obtient pas ce que l'on a acheté.

Il en est de même dans les relations humaines. Si vous donnez, vous êtes en droit de recevoir quelque chose en retour des gens à qui vous avez donné, qu'il s'agisse de quelque chose de matériel, d'intellectuel ou d'émotionnel. Sinon, vous ne vous sentirez pas satisfait. Voyez ce qui se produit dans une simple conversation. Disons que vous rencontrez quelqu'un, que vous lui parlez de vos intérêts et que vous partagez avec lui vos opinions. Voudrez-vous poursuivre la conversation s'il ne vous rend pas la pareille et qu'il ne vous dit rien sur lui? Bien sûr que non. Vous auriez l'impression de parler à un arbre. La conversation n'est pas un monologue; c'est un dialogue, un échange. Lorsque vous dites à votre interlocuteur quelque chose qui le stimule et qu'il vous dit quelque chose qui vous stimule, la conversation peut durer des heures.

Vous pouvez rationaliser le phénomène du sens unique comme vous le voulez en vous disant que, même si vous donnez à quelqu'un et qu'il ne vous rend rien en retour, cela n'est pas grave, parce que vous recevrez de quelqu'un d'autre. En réalité, c'est grave. Ce que vous recevez des autres n'effacera pas la gifle émotionnelle que vous ressentez lorsque vous donnez à quelqu'un qui ne vous rend pas la pareille. Soyons honnêtes: vous serez peut-être profondément blessé. Lorsque vous déciderez enfin que vous en avez assez de souffrir tout le temps et que vous chasserez ces gens de votre vie, vous éprouverez un sentiment de soulagement parce que vous aurez recouvré votre respect humain et le sens de votre propre valeur.

Michelle traitait Roger comme un roi. Elle se dépensait pour lui sans compter. Elle se montrait affectueuse avec lui, ne refusait jamais ses avances sexuelles, lui faisait de longs massages, lui préparait de succulents repas, lui faisait cadeau de ce dont elle croyait qu'il avait besoin ou qu'il voulait, et l'accompagnait partout où il le souhaitait, même à des excursions de pêche, à des matches sportifs et à des films d'action qu'elle ne prisait pas particulièrement. Elle était toujours là pour lui.

Malheureusement, Roger ne lui rendait pas sa générosité ni son attention. Après avoir été négligée pendant deux ans, Michelle en a eu assez : elle a quitté Roger sans plus jamais regarder derrière elle. Elle n'était même pas triste. En fait, elle était enchantée. Après avoir donné sans compter sans jamais rien recevoir en retour, la frustration de Michelle s'était transformée en colère, puis en souffrance émotionnelle. Lorsqu'elle s'est affranchie de Roger, elle s'est du coup affranchie de sa douleur.

Bill Farley, président du conseil et pdg de Farley Industries, propriétaire de nombreuses entreprises dont Fruit of the Loom, attribue sa réussite dans la vie au fait d'avoir eu une famille qui l'a toujours soutenu et encouragé, mais aussi à l'éducation complète qu'il a reçue et qui lui a donné les outils et l'assurance dont il avait besoin pour mener à bien tous les projets entrepris dans sa fructueuse carrière. Pour manifester sa reconnaissance, il a récemment donné une somme substantielle à son ancien collège du Rhode Island, en plus de mettre sur pied un programme de bourses pour les étudiants méritants. Il a également prononcé un discours émouvant et inspirant qui a touché le cœur de tous les étudiants. Année après année, il continue de montrer qu'il apprécie l'éducation qu'il a reçue à Bowdoin College en contribuant largement au financement des installations sportives et des programmes scientifiques.

Lorsque de bonnes choses arrivent à de bonnes gens

Bill Farley a tout dans la vie. Il est extrêmement riche. Il possède un yacht, un avion et de magnifiques résidences un peu partout au pays.

Il voyage de par le monde et peut s'acheter tout ce qu'il veut. Il a une femme charmante, intelligente et superbe, ainsi qu'un fils de 3 ans, Liam, qui est la prunelle de ses yeux. Bill Farley est également un homme brillant. Il a le look d'une vedette de cinéma ; il est en bonne santé et très athlétique. On lui donnerait vingt ans de moins que son âge. Sa personnalité optimiste et effervescente se double d'une attitude positive de gagnant face à la vie. En plus, Bill est sensible, chaleureux et généreux.

Beaucoup de gens seraient jaloux de lui ou lui envieraient son existence. Ils attribueraient sa réussite à la chance, à la fortune de ses parents ou à un beau mariage. Mais ces gens ne sauraient pas comment Bill Farley est devenu l'une des personnes les plus extraordinaires du monde. Ils ne se douteraient pas qu'il est issu d'un milieu modeste. Son père était employé des postes et sa mère ménagère. Il a payé ses études collégiales en faisant toutes sortes de petits travaux. Il a également payé lui-même ses études de droit ; grâce à un travail acharné, il a décroché un poste dans un prestigieux cabinet juridique de Wall Street.

Il a eu le courage de poursuivre son rêve et a pris un risque en changeant de profession pour se lancer dans le monde de la finance. Il a continué de prendre des risques de plus en plus gros et de vivre son rêve, jusqu'à devenir l'un des hommes les plus jeunes du pays à acquérir une entreprise majeure, Fruit of the Loom. Il a continué de réaliser ses rêves en achetant de nombreuses autres entreprises, qu'il a rendues rentables et qui forment aujourd'hui la société Farley Industries.

Si Bill a connu une telle réussite, c'est qu'il a conscience de l'importance de rencontrer des gens par l'intermédiaire des autres, de ne s'entourer que de personnes qui ont réussi et qui sont les meilleures dans leur champ d'activité, desquelles il a quelque chose à apprendre, et grâce auxquelles il peut se tisser des réseaux.

Bill est si généreux et conscient de ce qu'il a la chance de posséder qu'il a rendu à beaucoup, pas seulement à son école, mais aussi à sa famille et à ses amis. Il a secouru beaucoup d'indigents, soutenu de nombreux organismes de charité, aidé de nombreuses personnes tant par son soutien moral que financier. Il a généreusement ouvert des portes et offert des contacts à bien des gens, ce qui a transformé leur vie et leur a ouvert des avenues dont ils n'auraient jamais rêvé auparavant.

Bill Farley et les autres personnes extraordinaires de son genre ont travaillé fort pour arriver où ils en sont et ils méritent tout ce que la vie a de meilleur à leur offrir. Ils ont davantage, parce qu'ils ont pris plus de risques et saisi plus d'occasions favorables. Nous devons remplacer tout sentiment de jalousie ou d'envie à leur endroit par des sentiments d'espoir et d'inspiration. Nous devons mettre ces personnes sur un piédestal et nous servir d'elles comme modèles qui nous donneront les moyens de progresser et nous montreront le chemin qui nous fera accéder à notre propre mesure extraordinaire.

Êtes-vous une personne extraordinaire pour quelqu'un?

Si nous demandions aux gens s'ils se trouvent extraordinaires pour d'autres, la plupart répondraient affirmativement. Cependant, si nous interrogions ceux pour qui ces gens se croient extraordinaires, nous entendrions souvent un autre son de cloche. Être extraordinaire pour les autres, c'est être à leur égard constamment généreux, serviable, sensible, bon et positif.

Les dix principes permettant d'être une personne extraordinaire pour les autres

Voici dix principes qu'il vous faut suivre religieusement si vous souhaitez être une personne extraordinaire pour les autres.

1. D'abord et avant tout, traitez bien les personnes que vous aimez

Au lieu de considérer comme gagnées les personnes avec qui vous êtes le plus intime, accordez-leur le plus d'attention possible. Vous devez les chérir, les soutenir et penser à elles autant, sinon plus, qu'à vous. Recherchez constamment des moyens d'améliorer leur vie, de leur faire plaisir, de les rendre heureuses. Coupez-vous en quatre pour faire ce que vous savez qu'elles aiment et veulent, pas ce que vous voulez ou croyez qu'elles veulent.

Par exemple, disons que vous passez devant un magasin de cadeaux et y voyez un stylo bleu de cobalt. Vous savez que le bleu de cobalt est la couleur préférée de votre amie et qu'elle a besoin d'un bon stylo. Arrêtez-vous. Achetez le stylo et surprenez votre amie avec ce cadeau attentionné.

L'un de mes clients savait que son amoureuse aimait le parfum que l'on vend à la boutique de l'hôtel Parc Monceau de Paris. Ce parfum n'est offert nulle part ailleurs au monde. Il a téléphoné à l'hôtel et s'est arrangé pour qu'on fasse directement parvenir à son amie quelques flacons de ce parfum. Ce n'était pas son anniversaire ni aucune fête; mon client voulait simplement montrer à son amie qu'elle comptait assez à ses yeux pour qu'il prenne la peine de trouver ce parfum et de le lui faire expédier de Paris. Ce petit geste a contribué à cimenter leur union et à les rapprocher.

Je connais beaucoup de femmes qui ont reçu la demande en mariage de leur mari après avoir fait un effort particulier pour lui plaire. Mon amie Sandra voulait vraiment épouser Jerry. Même s'il l'aimait, il hésitait à se passer la corde au cou à cause d'un mariage raté et de plusieurs liaisons décevantes. Pour le cinquantième anniversaire de Jerry, Sandra a organisé une surprise-partie, invitant des amis qu'il n'avait pas revus depuis longtemps. Comme il était un fanatique de la voile, elle a loué un yacht pour la soirée, ainsi qu'un habit de gala qu'il a pu mettre lorsqu'il est monté à bord, sans se douter de rien. Jerry a reçu des cadeaux spectaculaires, dont un jet-ski pour lequel Sandra et tous ses amis s'étaient cotisés. Cependant, le cadeau préféré par Jerry a été celui de Sandra, qu'il a reçu une fois rentré chez lui. Elle avait commandé les services de cinq femmes superbes pour le dorloter: manucure, pédicure, coiffeuse, esthéticienne et masseuse. Ensuite, Sandra lui a fait couler un bain, avec mousse, pétales de rose, huile parfumée et bougies. Elle lui a versé un verre de champagne, en lui faisant manger du caviar et des fraises trempées dans du chocolat blanc. Puis, elle l'a séché avec la serviette de bain neuve qu'elle venait de lui acheter, l'a conduit par la main jusqu'au lit — où elle avait tendu des draps neufs en doux coton égyptien — et lui a fait l'amour avec passion. Inutile de dire que Jerry a été subjugué par ce somptueux traitement. Il a compris que, si Sandra s'était coupée en quatre pour faire tout cela pour lui, c'était qu'elle l'aimait profondément. Le lendemain matin, dès le lever du soleil, il l'a demandée en mariage.

Dorlotez toujours ceux que vous aimez. Chérissez-les, faites-leur plaisir, ce qui leur fera sentir qu'ils sont les êtres les plus importants du monde, plus particulièrement de votre monde. Embrassez-les comme ils aiment être embrassés, tenez-les dans vos bras comme ils aiment l'être, aimez-les comme ils aiment être aimés. Parlez-leur de la manière dont ils aiment qu'on leur parle. En respectant leurs besoins et en y accordant la priorité, vous ne pourrez faire autrement que de voir les choses de leur point de vue. Plus vous en ferez pour eux, plus ils vous chériront et vous apprécieront, et plus ils en feront pour vous.

2. Parlez-leur et parlez d'eux toujours avec amour

Mère Teresa a un jour dit: «Les mots gentils sont simples, mais leur écho est infini.» Lorsque nous parlons gentiment à quelqu'un, d'un ton doux et aimant, nous lui faisons savoir que nous l'apprécions vraiment. Quand nous entendons le son de sa voix, il sait que nous sommes contents d'avoir de ses nouvelles rien qu'aux vibrations de notre voix. Disons-lui ouvertement et directement que nous l'adorons et que nous sommes heureux qu'il fasse partie de notre vie. Cette déclaration le rassurera sur notre amour pour lui.

Si vous devez dire à quelqu'un quelque chose de désagréable, faites-le de manière qu'il ne se sente pas jugé ou humilié. Rassurez-le: vous l'aimez, vous êtes dans son camp, vous voyez les choses de son point de vue et vous vous fiez à son jugement, mais vous aimeriez lui présenter un autre point de vue. N'oubliez pas que ce ne sont pas seulement les mots qui comptent, mais aussi la façon de les dire. Même si vous devez toujours rester franc, ne négligez jamais la diplomatie.

Chantez constamment les louanges de ceux que vous aimez, pas seulement à eux, mais à d'autres. Soyez le meilleur agent de relations publiques qu'ils pourraient avoir. Soyez toujours à l'affût de personnes qui pourraient les aider, de projets auxquels ils pourraient collaborer et de tout ce qui pourrait améliorer la qualité de leur vie.

Consuela assiste toujours aux réceptions en compagnie de son mari, pdg d'une grande société, en n'oubliant jamais ses amies Rebecca, Greta et Pat. Elle garde l'œil ouvert au cas où elle découvrirait de beaux partis pour sa seule amie célibataire, Rebecca. Greta est rédactrice pigiste: Consuela recherche donc des gens du milieu de l'édition avec qui elle pourrait la mettre en contact. Et chaque fois qu'on la complimente sur sa toilette, elle s'empresse de parler de son amie Pat, qui dessine tout ce qu'elle porte. Les généreux efforts «publicitaires» de Consuela n'ont pas été vains. Rebecca est maintenant fiancée. Greta s'est trouvé un agent littéraire. Le chiffre d'affaires de Pat a triplé grâce au travail de promotion de Consuela.

3. Ne vous en prenez jamais aux autres pour vous défouler de vos angoisses ou de vos ennuis

Ce n'est pas parce que votre journée va mal qu'il faut vous défouler sur les autres. Si vous êtes fâché contre Iris, restez fâché contre elle. Mais ne projetez pas votre colère sur Jacqueline. Ne dirigez votre colère sur personne d'autre que celui ou celle qui vous a mis hors de vous ou qui vous a bouleversé. Sinon, votre comportement sera inacceptable et fera de vous une personne toxique.

Reconnaissez la source véritable de votre colère en examinant de plus près votre vie et en vous demandant contre qui vous en avez vraiment. Ne faites pas subir votre colère aux autres. Ce n'est pas parce que les quelques hommes que vous avez fréquentés étaient des pauvres types que tous les hommes le sont. S'il vous est difficile de bien vous entendre avec votre mère, vous devez vous dire que toutes les femmes ne sont pas votre mère.

En outre, ne déchargez pas votre colère devant les autres. Il arrive que l'on téléphone à quelqu'un (ou que quelqu'un nous téléphone) rien que pour se décharger le cœur contre quelqu'un d'autre. Une fois l'excès de pression libéré, après les cris, vous vous sentez soulagé. Cependant, il en est tout autrement pour votre interlocuteur. Il aura l'impression d'avoir été écrasé par une tornade, alors qu'il était tout à fait étranger au problème ou à la situation qui vous a fait sortir de vos gonds. Ce n'est pas comme cela que les personnes extraordinaires traitent leurs amis. Elles choisissent plutôt de régler leurs problèmes directement avec les personnes en cause.

4. Une personne extraordinaire sait présenter ses excuses et le fait sincèrement

Personne n'est à l'abri de l'erreur, même pas les personnes extraordinaires. Cependant, elles sont promptes à reconnaître leurs torts et à présenter des excuses sincères. Elles cherchent à rectifier la situation, et elles commettent rarement la même erreur deux fois. Elles savent dire «je suis désolé» et comprennent à quel point cette marque de respect est un baume sur la blessure d'amour-propre de l'autre. Dans les années 1970, beaucoup de gens ont cru au slogan rendu populaire par le film *Love Story*: «Aimer, c'est n'avoir jamais à dire que l'on est désolé.» Au contraire: l'amour, c'est non seulement dire que l'on regrette ses erreurs ou torts, mais aussi les regretter sincèrement.

Lorsque le monde entier a semblé s'écrouler pour Twyla, elle s'en est malheureusement prise à son fils de 12 ans, Todd, en l'accusant d'avoir subtilisé un billet de 100 dollars qui traînait sur la table du salon. L'enfant ignorait de quoi sa mère parlait: il n'avait jamais vu et encore moins volé ce billet. Twyla ne le laissait pas parler, le traitait de «petit voleur», menaçait de l'envoyer à l'école de réforme. Todd était sidéré de voir sa mère perdre ainsi le contrôle d'elle-même. Elle était prête à le frapper, ce qu'elle n'avait jamais fait auparavant. Elle s'est précipitée dans la chambre de l'enfant, en a enlevé la télé et les jeux vidéo, lui ordonnant d'y rester, lui interdisant d'aller jouer au soccer avec ses amis le lendemain et annulant le voyage de camping du week-end avec les scouts. Todd se sentait si humilié et frustré que, pour la première fois de sa vie, il a envisagé de faire une fugue.

Twyla a retrouvé le billet de 100 dollars une demi-heure plus tard, dans l'enveloppe où elle l'avait glissé puis oublié. Elle se sentait terriblement mal d'avoir accusé son fils et, en larmes, elle s'est précipitée dans sa chambre.

Elle s'est excusée sincèrement de l'avoir accusé, et d'avoir pensé un seul instant qu'il était capable de commettre un tel acte. Elle l'a serré dans ses bras et, en pleurant, a essayé de lui faire comprendre qu'elle se sentait dépassée par les événements: elle était menacée de perdre son emploi, sa mère, dont elle avait la charge, était gravement malade et les frais médicaux étaient exorbitants.

Todd a compris. Il a dit à sa mère qu'il appréciait le fait qu'elle se soit ouverte à lui, qu'elle se soit excusée et qu'elle ait reconnu ses torts. Il lui a même offert de gagner un peu d'argent pour la famille en tondant des pelouses, en livrant des journaux ou en gardant les jumeaux des voisins. Inutile de dire que Twyla a été profondément émue. La prompte reconnaissance de ses torts et le fait d'avoir expliqué la vraie source de sa colère ont ouvert la communication entre elle et son fils.

5. Donnez, donnez et donnez encore plus — faites ensuite un effort particulier

Il ne suffit pas de donner lorsque cela vous convient. Il est encore plus important de donner lorsqu'il vous est difficile de le faire. Beaucoup d'organismes de charité et d'églises emploient l'expression «donner jusqu'à ce que cela fasse mal».

C'est de ce type de don qu'il s'agit lorsque vous gardez des enfants afin que les parents puissent sortir et s'amuser un peu, alors que vous aussi aimeriez sortir. Ou lorsque vous aidez un collègue à terminer son travail alors que vous préféreriez faire avancer vos propres projets ou rentrer tout bonnement chez vous. Ce type de don exige que vous mettiez de côté temporairement vos besoins et vos préoccupations tandis que vous rendez un peu plus agréable la vie des autres. Ce n'est qu'à ce moment-là que vous pourrez honnêtement vous dire que vous avez fait un effort particulier. Prenez le cas de Lewis Trujillo, un citoyen du Colorado âgé de 64 ans. Après avoir vu à la télévision une émission sur le sort des enfants autochtones américains, il a vendu son camion et a utilisé cet argent pour acheter à leur intention plus de 30 000 kilos de vêtements usagés. Puis, il a expédié ces vêtements aux réserves les plus défavorisées.

Depuis, la société qu'il a fondée, Night Walker Enterprises, a ramassé, expédié et distribué près de deux millions de tonnes d'aliments, de vêtements, d'articles divers et de jouets à plus de 100 000 autochtones américains.

Monsieur Trujillo a donné jusqu'à ce que son compte en banque soit à sec. Son initiative lui a même valu des dettes. Cependant, il ne s'en fait pas pour cela, convaincu qu'il est d'avoir changé pour le mieux la vie de milliers d'êtres humains.

Les personnes extraordinaires répondent immédiatement aux besoins des autres. Elles cherchent toujours des moyens d'aider ceux qu'elles connaissent ou qu'elles rencontrent. Nul n'a à solliciter leur aide parce qu'elles l'offrent sur-le-champ.

6. Cessez de chercher les différences et de les relever — cherchez plutôt les ressemblances

Lorsque nous percevons des ressemblances entre nous et les autres, cela nous rapproche d'eux. Lorsque nous ne voyons que les différences, nous

nous sentons éloignés d'eux, aliénés. Après avoir disséqué des cadavres durant mes études de médecine, après avoir travaillé avec une multitude de personnes infirmes ou difformes, après avoir travaillé auprès des gens beaux, riches et célèbres les plus admirés au monde, j'en suis venue à la conclusion que tous les êtres humains de cette planète, quels qu'ils soient, ont entre eux beaucoup plus de ressemblances que de différences. Tous les êtres humains saignent, transpirent, toussent, rotent, pètent, urinent et défèquent. Tous les êtres humains désirent ardemment se sentir importants, aimés et appréciés, et faire en sorte que les autres éprouvent ces mêmes sentiments. Quels que soient notre sexe, notre apparence, notre couleur de peau, nous nous ressemblons plus qu'il est possible de l'imaginer. Si nous nous concentrons sur ces ressemblances, il est certain que l'amour remplira nos cœurs bien plus que la haine.

Pour illustrer ce point, je vous rappelle l'un de mes moments préférés de l'histoire, le jour où le président noir d'Afrique du Sud, Nelson Mandela, et l'ancien dirigeant blanc de ce pays, F. W. de Klerk, ont partagé le prix Nobel de la paix. Même s'ils sont très différents sur le plan physique, ils se ressemblent beaucoup sur les plans intellectuel, émotionnel et moral. Tous deux sont des hommes brillants, d'une intégrité irréprochable et d'une grande force intérieure, qui partagent la même vision d'un monde pacifique et harmonieux.

Les personnes extraordinaires ne gaspillent pas leur énergie à juger les autres. Au lieu de cela, comme les adeptes de la philosophie bouddhiste, elles reconnaissent et acceptent les autres tels qu'ils sont. Elles n'essaient pas de lutter contre la nature et les systèmes de croyance de leur prochain. Même si elles admettent que les points de vue des autres diffèrent des leurs et que cela peut être frustrant, elles ne perdent jamais de vue le caractère humain des autres, dont les points de vue sont peut-être différents des leurs, mais dont les besoins fondamentaux sont identiques.

7. Lorsque d'heureux événements arrivent aux autres, soyez aussi enthousiasmés que s'ils vous étaient arrivés à vous

Lorsque vous vivrez la joie d'un autre comme si elle était vôtre, vous serez vraiment devenu une personne extraordinaire. Lorsque vous n'êtes ni jaloux ni mesquin, et que votre empathie est authentique, vous pouvez éprouver une joie délirante à voir les autres heureux.

Lorsque vous souhaitez le meilleur pour eux et constatez que quelque chose de bon leur arrive, vous vous sentez élevé et inspiré par leur bonne fortune.

Lorsque Thérèse a appris que Niki se mariait avec Thomas, elle a débordé de joie. En apprenant la nouvelle au téléphone un beau matin, elle a crié si fort qu'elle a quasiment réveillé tout le quartier. Elle aimait beaucoup Niki et savait à quel point Thomas comptait pour elle et combien heureuse elle était de l'épouser.

Au mariage de Niki, Thérèse était tellement nerveuse qu'elle avait l'impression d'être une mariée elle aussi. Grâce à sa profonde sympathie pour Niki, elle et son amie ont pu resserrer encore les liens d'amitié qui les unissaient déjà. Niki savait que les bons vœux et l'amour de Thérèse étaient sincères, ce qu'elle lui rendait bien.

Lorsque Josh est entré dans le bureau de Dick, son collègue, en arborant un large sourire, ce dernier a compris que Josh avait obtenu la promotion que lui-même avait espéré avoir. Mais Dick était sincèrement heureux pour Josh. Il a sauté de son fauteuil, souriant, et lui a dit: «Allons célébrer cela, Josh. Je t'invite à déjeuner.» La relation de camaraderie de ces deux hommes était telle qu'aucun d'eux ne se sentait menacé par l'autre. Bien entendu, Dick aurait aimé obtenir pour lui-même la promotion, mais il était content que ce soit son ami qui l'ait eue. Dick avait confiance en ses propres capacités et savait qu'il était apprécié au sein de l'entreprise. Il était convaincu que, tôt ou tard, lui aussi gravirait les échelons. D'ailleurs, cela n'a pas tardé à se produire, car Josh était désormais en position de l'aider à obtenir une promotion et une augmentation de salaire, et il l'a fait.

8. Ne soyez jamais mesquin

Évitez de tenir des comptes mesquins avec les autres. Aidez-les parce que vous voulez les aider, pas parce que vous attendez quelque chose en retour. Il va sans dire que la personne que vous choisirez d'aider l'appréciera et vous le rendra bien d'une façon ou d'une autre. Mais vous ne devez vous attendre à rien, ne rien espérer, et ne rien exiger en retour.

Pour être une personne extraordinaire, évitez la mesquinerie. Les personnes extraordinaires n'ont pas l'esprit mesquin: elles sont magnanimes et généreuses. Elles ne tiennent pas de comptes;

lorsqu'elles s'entourent d'autres personnes extraordinaires, tout finit par s'équilibrer.

La mesquinerie de Beverly était telle que toutes les relations potentiellement extraordinaires qui s'esquissaient dans sa vie s'évanouissaient dès que l'homme ou la femme en question la connaissait mieux. Chaque fois qu'elle déjeunait ou dînait avec un ami et qu'ils partageaient l'addition, Beverly faisait le total de sa part au cent près.

Elle était si près de ses sous que, si on l'invitait à un concert, par exemple, elle demandait combien le billet coûtait et si elle pouvait éviter de le payer puisqu'on l'invitait. Elle essayait tout le temps d'obtenir des rabais ou de se faire inviter gratuitement, à tel point que n'importe quelle personne normale était rebutée au bout de quelques heures. Tous trouvaient sa mesquinerie tellement gênante qu'ils refusaient de sortir avec elle une deuxième fois.

Les personnes extraordinaires ne se conduisent pas comme cela, et elles ne supportent pas qu'on se conduise ainsi avec elles.

9. Inspirez les autres et donnez-leur les moyens d'agir en croyant en eux

Les personnes extraordinaires ne se contentent pas de donner du «poisson» à quelqu'un, elles lui donnent aussi la «canne à pêche» pour qu'il puisse se nourrir tout seul et ne jamais crever de faim. Il faut donner aux gens les moyens de s'en sortir.

Le Dr Mimi Silbert le sait bien. Experte reconnue en psychologie criminelle, elle a fondé Delancey Street. Cet organisme donne aux ex-criminels, sans-abri et drogués les outils nécessaires pour qu'ils prennent leurs responsabilités — pour le meilleur et pour le pire.

Convaincue de ce que chacun veut être quelqu'un et que chacun est à la fois donneur et receveur, elle a «sauvé» plus de 11 000 personnes en leur apprenant à devenir des membres productifs de la société. Essentiellement, chacun de ses protégés reçoit une formation en trois volets : travail physique, travail dans le secteur des services et travail de bureau. Chacun concentre ensuite son attention sur l'un de ces types de travail et apprend tout ce qu'il peut afin d'acquérir les compétences nécessaires. Chaque pensionnaire de l'institution sert de tuteur et enseigne aux autres pensionnaires. Ensemble, ils se rendent fréquemment dans les musées et à des concerts, ce qui leur permet d'apprendre constamment quelque chose de nouveau. Deux fois par semaine, ils participent à des réunions pour apprendre à communiquer et à régler leurs problèmes émotionnels. En enseignant aux gens de nouvelles habiletés, en leur donnant des possibilités et en leur faisant comprendre qu'ils doivent assumer la responsabilité de ce qu'ils sont, le Dr Silbert leur donne les moyens de se prendre en main et de s'en sortir. Grâce à ces moyens, ces gens peuvent pêcher les poissons les plus gros et les plus savoureux, ceux qui pourront les nourrir leur vie durant.

Certaines personnes extraordinaires n'ont pas besoin de faire quoi que ce soit pour donner aux autres les moyens de s'assumer et de s'épanouir : leur présence suffit. Votre seule présence pourrait inciter les autres à donner le meilleur d'eux-mêmes. Soyez là pour les autres, et ils seront là pour vous.

10. Alimentez la spirale de l'amitié : présentez aux autres les personnes extraordinaires que vous connaissez

Je ne le répéterai jamais assez : si vous rencontrez des gens qui peuvent être utiles à quelqu'un, faites-les-lui connaître ! Ne pensez pas qu'à vous, qu'à ce que vous pouvez tirer de la situation ou de la relation. Pensez toujours aux autres, à ce qui ou à qui est susceptible de les aider.

Si vous croyez que quelqu'un de votre entourage pourrait tirer avantage de la fréquentation d'une autre personne que vous connaissez, vous leur ferez du bien à tous deux si vous les présentez l'un à l'autre.

CHAPITRE 7

Quand les personnes extraordinaires vous déçoivent

- Faire face à la déception
- Pourquoi certaines personnes extraordinaires deviennent-elles toxiques ?
- La technique 1-2-3
- Mettre fin à une relation naguère extraordinaire
- Se remettre de la fin d'une relation extraordinaire
- Rallumer une relation extraordinaire qui a un jour mal tourné

Même si une personne est extraordinaire, elle peut un jour vous décevoir. Les personnes extraordinaires ne sont pas parfaites ; leurs merveilleuses qualités ne les immunisent pas contre les faiblesses de la nature humaine.

Les gens sont parfois insensibles et absorbés par eux-mêmes. Peut-être ne sont-ils pas là pour vous au moment où vous avez vraiment besoin d'eux ; peut-être se mettent-ils parfois en colère et vont-ils jusqu'à faire une scène en public. Peut-être remettent-ils au lendemain ce qu'ils ont promis de faire pour vous ou ne le font-ils tout simplement pas. Peut-être sont-ils secs ou impatients avec vous. Peut-être vous jugent-ils, vous surprennent-ils avec un commentaire négatif à votre sujet. Au lieu de vous soutenir et de se montrer sensibles avec vous, peut-être réagissent-ils durement quand vous leur faites part d'une situation précaire dans laquelle vous vous êtes mis.

Même si ces comportements ne leur ressemblent pas et vous choquent, vous ne devez jamais oublier que ces personnes extraordinaires ne sont pas des surhumains, ni des dieux ni des saints. Leur comportement inattendu est peut-être dû à ce qui se passe dans leur vie.

Jack et Jeanie étaient les meilleurs amis du monde. Pendant cinq ans, ils se sont confié tout ce qui se passait dans leur vie respective. Jack était le «grand frère» serviable et encourageant que Jeanie avait toujours voulu; Jeanie était la «petite sœur» mignonne et pleine d'entrain que Jack avait toujours voulue. Un jour que Jeanie discutait d'un problème qu'elle vivait avec son amoureux, elle a été choquée d'entendre Jack lui dire: «Pourquoi ne deviens-tu pas enfin adulte et ne cesses-tu pas de te comporter comme une enfant? Fais face à la situation et agis en adulte; cesse de faire la mignonne avec tout le monde. Ainsi, tu ne te mettras pas dans pareille situation.»

Après avoir repris ses sens, Jeanie s'est juré qu'elle n'adresserait plus jamais la parole à Jack. Jack, qui regrettait ce qu'il avait dit, s'est confondu en excuses le lendemain. Il lui a expliqué qu'il l'adorait en tant qu'amie et qu'il ne pouvait pas supporter de la voir fréquenter des hommes indignes d'elle. Du fait que Jack a clairement expliqué son point de vue et que c'était la première fois en cinq ans d'amitié qu'il adoptait un comportement négatif à son égard, Jeanie lui a pardonné sur-le-champ. Leur amitié a été sauvée.

Si Jack avait continué de parler à Jeanie en la jugeant et en la condamnant, la situation aurait été plus grave et Jeanie n'aurait pas pu rester son amie. Ce qui est bon à savoir, c'est que les personnes extraordinaires ne manifestent pas de comportements négatifs et ne se répandent pas en commentaires irrespectueux. Si c'est le cas, c'est qu'elles sont peut-être devenues toxiques avec vous.

Faire face à la déception

La déception de constater qu'une personne que naguère vous trouviez extraordinaire ne l'est plus est l'une des expériences les plus difficiles à vivre. Vous avez le sentiment que vous êtes victime de la trahison suprême. Vous avez l'impression que ce n'est plus la personne que vous connaissiez, et vous ignorez ce qui a bien pu se passer pour qu'elle change ainsi. Vous êtes aussi triste que si quelqu'un venait de mourir. En réalité, il y a vraiment eu une mort, celle de votre relation avec cette personne.

Lorsqu'une personne extraordinaire les déçoit, la plupart des gens commencent par se flageller, par douter de leur propre jugement : « Comment ai-je pu faire confiance à cette personne ? Comment ai-je pu croire qu'elle était extraordinaire ? Comment se fait-il que je n'ai pas vu clair, que je ne l'ai pas mieux évaluée ? »

En réalité, vous l'aviez bien évaluée, mais en fonction de ce que vous avez vu. Cette personne ne vous a pas montré ses traits négatifs. Par conséquent, vous ne pouviez pas savoir. Ou encore — et dans ce cas aussi vous l'aviez bien évaluée —, cette personne était vraiment extraordinaire pour vous, mais elle a tout simplement cessé de l'être.

Il ne faut pas que vous réagissiez à cette déception en doutant de vous ou en vous blâmant, et vous ne devez pas non plus dramatiser et vous mettre à détester cette personne. Lorsque l'on se sent trahi ou que l'on met en doute son propre jugement, il arrive souvent que l'on commence à éprouver du ressentiment, voire de la haine, pour l'autre personne. Si cette réaction est à ce point forte, c'est que la douleur et la confusion que l'on ressent sont profondes et intenses.

Pourquoi certaines personnes extraordinaires deviennent-elles toxiques ?

Il y a trois grandes raisons qui font que certaines personnes deviennent toxiques : elles sont jalouses ; elles se sentent inadéquates ou menacées ; ou encore il s'agit d'une mauvaise communication.

La jalousie et l'envie sont à la racine de tous les mauvais comportements ; ce sont des sentiments destructeurs. Le plus souvent, ces sentiments se manifestent à l'endroit de personnes publiques, qui semblent avoir tout pour elles. Les médias chantent leurs louanges un jour pour les démolir le lendemain. Pourquoi ? Parce que certains journalistes sont jaloux et envieux. Combien d'entre nous dénigrons telle ou telle personne parce que nous les envions ; nous cherchons à les détruire avec des commentaires du genre : « Elle n'est pas si extraordinaire » ou « Je sais telle ou telle chose sur elle ».

La jalousie est liée de très près au sentiment d'être inadéquat. Si vous n'êtes pas sûr de votre propre valeur, voir les autres réussir non seulement menacera l'estime que vous avez pour vous-même, mais aggravera votre sentiment de ne pas valoir grand-chose. Cela se manifeste chez les anciens amis extraordinaires, lorsqu'ils essaient de vous dominer, qu'ils vous dénigrent devant les autres et, en général, qu'ils cessent de vous encourager et de vous soutenir.

Une mauvaise communication peut aussi expliquer pourquoi une relation naguère extraordinaire peut devenir toxique. Les deux parties n'arrivent pas à se faire comprendre correctement. C'est ce qui est arrivé à Joseph et à Marty, associés en affaires. Joseph croyait que Marty ne lui faisait pas confiance parce que celui-ci vérifiait constamment son travail. Cela insultait et blessait Joseph à tel point qu'il s'en est pris verbalement à Marty. Les deux hommes en sont presque venus aux mains. En réalité, Marty ne doutait nullement de l'honnêteté de Joseph; il se comportait de la même façon en ce qui concernait son propre travail, le vérifiant une fois, deux fois, trois fois. Une fois que chacun s'est calmé, Marty a confié à Joseph ses inquiétudes et son insécurité: c'était la plus grosse commande de l'histoire de l'entreprise et il ne voulait pas se tromper. Ayant déjà fait faillite à cause de son manque d'attention au détail, il se faisait un point d'honneur d'être plus vigilant que jamais dans cette nouvelle aventure commerciale. Grâce à cette franche conversation, Joseph a compris pourquoi Marty se comportait ainsi et a cessé de lui en vouloir.

En retour, Joseph s'est décrit à Marty comme étant le type d'homme à monter au plafond chaque fois qu'il se sentait observé ou surveillé; il n'avait pas besoin d'un chien de garde. Une fois que la communication a été claire et ouverte entre eux, les deux hommes ont repris leur relation d'affaires extraordinaire et ont gagné beaucoup d'argent ensemble.

Vous pouvez pardonner et ranimer une relation si le manque d'harmonie était dû à une mauvaise communication, que vous avez pu rétablir. Dans un tel cas, lorsque les intéressés présentent leurs excuses, vous savez qu'ils sont sincères et qu'ils veulent votre bien. En revanche, si la raison de la rupture était la jalousie, ou un sentiment d'insécurité et d'inadéquation, la relation ne peut ni ne doit être réparée ou poursuivie.

La technique 1-2-3

Malheureusement, si le respect et la communication ne sont pas constants, la relation naguère extraordinaire prendra fin. On ne devrait jamais y mettre fin prématurément ; plusieurs tentatives de communication devraient être faites avant que vous concluiiez qu'elle est morte. Une bonne amie à moi, Tracie Hunt Mayer, conseillère en spiritualité pour personnes éminentes, propose la technique « 1-2-3 », qui s'est révélée très efficace avec ses clients. Lorsqu'une personne extraordinaire vous déçoit, au lieu de balancer la relation par-dessus bord, vous feriez bien, selon elle, de franchir les étapes suivantes :

1. Reconnaissez que vous souffrez et, gentiment et calmement, dites à la personne extraordinaire que son comportement vous a blessé. Souvent, cette première étape suffira. Vous aurez communiqué votre mécontentement sans tarder, et la personne extraordinaire tentera de rectifier les choses. Du fait qu'elle est extraordinaire, elle est généralement plus sensible qu'une autre à ce que vous éprouvez, ce qui la rendra plus consciente de votre mécontentement. Cependant, si elle persiste dans son comportement négatif et qu'elle reste insensible à votre requête, passez à l'étape 2.

2. D'une manière plus ferme et plus directe, fixez les limites du comportement que vous accepterez de cette personne et précisez que vous ne tolérerez pas son comportement négatif. Dites-lui que ce comportement aura des conséquences graves. Si elle ne s'amende pas et qu'elle ne répond pas à vos souhaits, ou si elle persiste à vous manquer de respect, vous n'avez pas le choix : passez à l'étape 3.

3. Cette dernière étape consiste pour vous à quitter cette personne pour de bon. Si cette personne extraordinaire, censée être sensible à vos besoins et désirs, ne l'est plus, malgré vos tentatives de communication répétées, quelque chose d'autre sous-tend son comportement hostile à votre endroit. Comme nous l'avons dit plus tôt, ce peut être la jalousie, l'envie, l'esprit de compétition ou le manque de respect pour vous. Dans tous les cas, vous ne pouvez plus vous permettre de garder cette personne dans votre vie.

Mettre fin à une relation naguère extraordinaire

Pour la plupart des gens, mettre fin à une relation naguère extraordinaire est la chose la plus difficile qui soit. Cependant, si vous vous rappelez les paroles de la chanson du regretté Jim Croce, «Pour chaque moment passé à rire, j'ai pleuré deux fois», vous saurez pourquoi vous devez vous séparer de cette personne. Nul ne mérite qu'on lui manque de respect. Nul ne mérite d'être malheureux plus souvent qu'heureux en présence d'une personne chère.

Même si beaucoup de gens mettent fin à une relation au cours d'une dure bataille où les tempéraments s'échauffent, mieux vaut la clore d'une manière plus civilisée et contrôlée. Ainsi, les deux parties conservent leur dignité et leur amour-propre. Selon votre préférence, vous pouvez mettre fin à une mauvaise relation de plusieurs manières: par une communication verbale directe, par une lettre, par un message laissé sur un répondeur, voire par l'intermédiaire d'un tiers. Vous ne pouvez ignorer la situation. Vous ne pouvez vous contenter de partir sans rien dire ou faire. Ce ne serait pas juste pour vous ni pour l'autre. Ce serait mépriser l'intégrité d'une relation qui a été extraordinaire.

Communication verbale directe

Mettre fin en personne à une relation est sans doute la manière la plus difficile de le faire, mais souvent la plus complète aussi. Vous pouvez voir la personne, l'entendre et percevoir ce qu'elle éprouve réellement pour vous. Rappelez-vous: pas d'accusations! Vous ne feriez que provoquer des éclats. Même si cette expérience doit vous remuer sur le plan émotionnel, n'oubliez pas de parler en fonction de votre personne et de ce que vous avez vécu. Ne dites pas: «Tu m'as fait ceci ou cela.» Dites plutôt: «Notre relation me trouble beaucoup. Je n'accepte pas que tu m'aies dit…» Ainsi, vous assumez l'entière responsabilité d'être insatisfait de la relation; vous êtes proactif, dans le sens que vous prenez les mesures qu'il faut pour y mettre fin. Laissez l'autre sauver la face; contenez votre colère, afin que la situation ne dégénère pas en une engueulade susceptible de laisser des blessures encore plus longues à cicatriser. Soyez direct. Allez droit au but. Soyez clair au sujet des enjeux et des résultats que vous recherchez. Partez la tête haute, dignement.

Parfois, une conversation face à face peut rallumer l'amitié, surtout si elle provoque une discussion plus ouverte, durant laquelle les points de vue et perspectives sont clairement et franchement établis.

Écrire une lettre, la télécopier

La lettre constitue sans doute le meilleur moyen de mettre fin à une relation, parce que la personne naguère extraordinaire aura le temps de la lire et relire à son aise, et de réfléchir à vos pensées et sentiments. La lettre vous donne l'occasion d'organiser vos pensées et vos sentiments, et de les exprimer sans être interrompu ou distrait, comme vous risquez de l'être durant une conversation avec la personne en question. Dans votre lettre, ne perdez pas de vue votre fil conducteur. Établissez les points importants. Commencez par une déclaration d'intention, par exemple :

> Chère Amy,
> Je t'écris cette lettre parce que je suis profondément troublé par ce qui est arrivé entre nous. J'en suis si troublé que je ne souhaite plus poursuivre notre relation, pour les raisons suivantes...

Ensuite, énumérez divers incidents et vos réactions à chacun. Par exemple :

> J'ai l'impression de marcher sur des œufs chaque fois que je suis avec toi. Chaque fois que tu me parles, ta voix et ton visage sont durs. J'ai été complètement décontenancé lorsque tu t'es emporté quand je t'ai posé cette simple question : «Comment penses-tu que nous devrions rejoindre toutes les personnes qui assisteront à la réunion?» J'ai l'impression que tu ne respectes pas mes souhaits. Chaque fois que je te demande de faire quelque chose, tu m'ignores, tu ne réagis pas, et tu ne fais jamais ce que je te propose. Cette attitude me donne l'impression que je ne compte pas.

Ensuite, résumez les points positifs de votre relation, ce que votre ami y a apporté de bon et ce que vous y avez apporté de bon. Déclarez que vous ne pouvez plus poursuivre cette relation puisqu'elle n'est plus une expérience agréable et positive pour vous comme pour lui. Souhaitez-lui du bien, qu'il trouve la «paix intérieure».

Si votre ami possède un télécopieur privé, vous pouvez lui envoyer votre lettre par ce moyen. Assurez-vous qu'il recevra votre lettre : envoyez-la par messager, par courrier électronique ou par courrier recommandé.

Laisser un message sur le répondeur

Parfois, il est presque impossible de mettre fin à une relation au téléphone parce que les gens s'emportent et qu'il est ainsi difficile de se comprendre, voire de s'entendre l'un l'autre. Au téléphone, c'est souvent la personne qui crie le plus fort qui se fait entendre. Si votre relation a atteint ce stade, il est trop facile d'insulter l'autre en raccrochant. Mieux vaut téléphoner à cette personne quand vous savez qu'elle n'est pas chez elle, et lui laisser un message sur son répondeur. Souvent, vous disposez d'un temps limité pour dire ce que vous avez à dire ; allez donc droit au but. Si la durée permise du message est trop courte, appelez plusieurs fois et laissez une série de messages jusqu'à ce que vous ayez dit tout ce que vous aviez à dire.

Se remettre de la fin d'une relation extraordinaire

Lorsqu'une relation extraordinaire prend fin, impossible que vous ne vous sentiez pas dévasté. Vous éprouvez un sentiment de perte terrible, causé par tant de souvenirs de moments heureux partagés avec cette personne. Chaque fois que ces souvenirs vous reviennent, vous vous sentez déprimé. Vous devrez vivre un deuil, comme vous le feriez pour la mort d'un être cher. Vous passerez par le stade du déni, durant lequel vous douterez que les choses négatives se soient vraiment produites. Vous vous demanderez si l'autre a réellement agi comme il l'a fait ou si c'est vous qui avez eu une réaction excessive à son comportement. À ce stade-là, soyez prudent car vous êtes vulnérable. Il est facile de retourner vers la personne devenue toxique, de faire comme si de rien n'était et d'essayer de revivre la relation naguère extraordinaire. L'ennui, c'est que vous finirez tôt ou tard par subir de nouveau la même douleur et la même frustration, et le cycle se répétera indéfiniment.

Vous pourriez aussi traverser une phase de « rage intense » et finir par haïr la personne en question : vous voulez déchirer toutes ses photos ou toutes les cartes qu'elle vous a envoyées, et jeter ou donner les cadeaux qu'elle vous a offerts. Vous ne voulez rien conserver qui risque de vous rappeler cette relation passée. Vous pourriez aller jusqu'à dire du mal de cette personne à tous ceux qui la connaissent, voire à ceux qui ne la connaissent pas. Vous pourriez raconter à tout le monde que vous lui faisiez confiance et qu'elle vous a fait du mal. Vous pourriez également tomber dans une profonde dépression : vous ne pouvez manger ni dormir, vous oubliez tout, vous vous sentez fragmenté et vous n'arrivez pas à vous concentrer. Voici quelques mesures à prendre pour faciliter le processus de guérison :

1. Demandez l'aide d'un conseiller professionnel. Vous pourrez ainsi vous libérer de votre colère et de votre frustration ; la thérapie vous aidera à voir plus clair dans ce qui s'est vraiment passé.

2. Prenez congé de votre vie professionnelle et mondaine pour vous ressaisir et vous adapter.

3. Faites tout ce que je vous ai proposé au chapitre 5, dans les sections « Dorlotez votre corps, votre image extérieure » et « Dorlotez votre être intérieur ».

4. Faites de nouvelles rencontres. Même si vous n'en avez pas envie, forcez-vous à sortir et à faire des connaissances. Abordez-les et parlez-leur en utilisant les techniques que je vous ai proposées dans ce livre.

5. Chaque fois que la douleur refait surface, recourez à la technique du « chasse-pensée » que j'ai décrite dans un autre ouvrage, Ces gens qui vous empoisonnent l'existence. Inspirez par la bouche, retenez votre souffle pendant quelques secondes, puis criez « Chasse cette pensée ! ». Remplacez-la ensuite par une pensée plus agréable.

6. Ne dénigrez jamais la personne en question de crainte de ressusciter vos sentiments négatifs. Si vous ressassez constamment votre déconvenue, vous aurez toujours l'impression qu'elle vient tout juste de se produire. Oubliez ! Passez à autre chose ! En outre, il fut un temps où vous chérissiez cette personne extraordinaire. Vous n'êtes pas obligée de la haïr parce que votre relation avec elle a changé. Il s'agit tout simplement de passer à autre chose.

À la mort du célèbre producteur hollywoodien Don Simpson — lui et son partenaire, Jerry Bruckheimer, ont entre autres produit les films à succès *Top Gun*, *Flashdance* et *Fame* —, tout le monde voulait fouiller les poubelles pour découvrir ce qui lui était vraiment arrivé. (On savait qu'il consommait de la drogue et qu'il souffrait d'une myriade de problèmes émotionnels, parce qu'il vivait intensément.) J'ai beaucoup aimé le commentaire que son partenaire a livré à la revue *Vanity Fair*. En réponse au journaliste qui l'interrogeait sur la personnalité et le comportement de Don Simpson, Jerry s'est contenté de dire : « Je vais le protéger dans la mort comme je l'ai protégé dans la vie. » Voilà qui en dit long sur leur amitié.

Il est nécessaire que nous nous abstenions d'alimenter les commentaires négatifs que nous entendons sur les autres. Même si les personnes naguère extraordinaires ne jouent plus de rôle dans notre vie, le simple fait qu'elles en aient un jour joué un devrait être suffisant pour nous empêcher de cracher du venin. Ce n'est pas parce que votre relation n'est plus viable que vous êtes obligé de les haïr. Pour dissiper la colère et la haine, respectez ce qu'elles ont fait pour vous, rappelez-vous les bons moments et chérissez-en le souvenir.

Rallumer une relation extraordinaire qui a un jour mal tourné

Il arrive parfois que des personnes cessent d'être extraordinaires à un certain moment de votre vie, mais le redeviennent une fois qu'elles ont remis de l'ordre dans leur propre vie et qu'elles sont plus heureuses. Les pressions de leur vie quotidienne et de leur situation particulière les empêchent parfois d'être extraordinaires. Matt était sur le point de perdre son entreprise, sa femme et sa maison. Ses investissements tournant mal, tout son monde s'écroulait. N'arrivant pas à communiquer avec son entourage, il s'est replié sur lui-même, gêné qu'il était par ce qui lui arrivait. Steve, son meilleur ami, ne comprenait pas pourquoi Matt ignorait ses appels et refusait ses invitations à jouer au golf et au tennis. Steve pensait qu'il avait peut-être quelque chose à se reprocher, mais ignorait quoi. Il s'est donc rendu chez Matt pour mettre les choses au clair. Ce dernier, pris de rage, a dit à Steve de ne plus jamais se présenter chez lui sans être invité.

Steve, dès lors convaincu qu'il avait dit ou fait quelque chose qui avait déplu à Matt, s'est creusé la tête pendant neuf mois pour découvrir ce qu'il avait bien pu faire pour le bouleverser à ce point. Un jour, il a reçu un appel de Matt qui s'est enfin ouvert à lui : il avait évité Steve parce qu'il était sur le point de faire faillite et que cela le mettait très mal à l'aise. Depuis, il avait effectivement fait faillite et n'avait même plus d'emploi. Soulagé de connaître le motif du comportement de Matt, Steve a déployé tous ses efforts pour venir en aide à son ami naguère extraordinaire. Il a immédiatement téléphoné à quelques-unes de ses relations : avant la fin de la journée, Matt obtenait une entrevue avec un employeur… et un nouvel emploi avant la fin de la semaine. Ému par la fidélité de Steve à leur amitié, Matt a repris du poil de la bête et a gagné un peu de confiance en lui-même. Les deux hommes ont commencé à passer plus de temps ensemble, et leur amitié extraordinaire s'est revitalisée. Steve a tendu la main à Matt ; ce dernier l'a saisie, même s'il a mis du temps à s'y décider, et, du coup, il a revitalisé leur relation.

Même si vous n'avez pas vu depuis longtemps celui qui était autrefois votre ami le plus extraordinaire ou que vous avez eu avec lui une brouille quelconque, le fait que vous respectiez son caractère fera qu'il vous sera plus facile de renouer avec lui, si son caractère n'a pas changé. Lorsque vous renouerez, vous et lui devrez respecter un nouvel ensemble de règles pour que la relation soit durable.

Rallumer une relation extraordinaire qui a un jour mal tourné

1. Libérez-vous de la culpabilité et du ressentiment que vous avez éprouvés.
2. Écoutez l'esprit ouvert le point de vue de l'autre ; essayez objectivement de tirer une leçon de l'erreur que vous avez pu commettre dans la relation.
3. Ne vous mettez pas sur la défensive.
4. Ne jetez pas le blâme sur l'autre ; ne cherchez pas de coupable. Repartez à zéro.
5. Reconnaissez vos erreurs de bon cœur et n'hésitez pas à présenter vos excuses, surtout si vous étiez en tort.
6. Ne vous retenez pas : exprimez franchement tout ce que vous avez à dire.

7. Évitez les attaques et les menaces verbales.
8. Ne soyez pas odieux : ne remettez pas les vieilles histoires sur le tapis et ne discutez pas de questions délicates qui risqueraient de blesser l'autre.
9. Ne soyez pas sarcastique ; évitez l'humour qui dénigre.
10. Tenez-vous-en au présent ; ne ressassez pas de vieux griefs.
11. Soyez conscient du ton de votre voix, qui ne doit être ni froid, ni monocorde, ni dur. Manifestez plutôt votre enthousiasme et votre chaleur.

CHAPITRE 8

Le monde est peuplé de personnes extraordinaires

- Une enfant extraordinaire
- Un employé de service extraordinaire
- Un professionnel de la santé extraordinaire
- Un voisin extraordinaire
- Une amoureuse extraordinaire
- Des parents extraordinaires
- Des personnes handicapées extraordinaires
- Des animaux extraordinaires

Depuis les premières pages de ce livre, vous avez appris quels sont les traits particuliers des personnes extraordinaires et comment vous entourer de ces personnes pour enrichir votre existence dans toutes ses dimensions. Vous avez vu comment attirer des personnes extraordinaires dans votre vie et comment le devenir pour la personne qui compte le plus pour vous : vous-même. Vous avez acquis des techniques destinées à améliorer l'estime que vous avez pour vous-même et à favoriser votre croissance personnelle. Vous avez appris à vous traiter avec l'amour, la bonté et le respect que vous méritez, et à ne laisser rien ni personne entamer la conscience de votre propre valeur. Enfin, vous savez maintenant comment trouver des relations extraordinaires et comment les alimenter. Dans vos rapports avec les personnes extraordinaires, et pour être extraordinaire vous-même, vous devez continuer à donner pour recevoir, à penser aux autres autant sinon plus qu'à vous.

J'ai un jour entendu une expression charmante : «Chaque fois que quelqu'un fait une bonne action, un ange sourit au ciel.» Les personnes que je vous présente dans les paragraphes suivants ont sûrement fait sourire beaucoup d'anges. Par leurs actes généreux, ces personnes extraordinaires ont dépassé ce qui était attendu d'elles et touché le cœur et l'âme des autres. Leur seule existence a rendu notre monde meilleur.

Peut-être que ce que vous allez lire vous fera rire ou pleurer, vous intriguera, vous inspirera. Peut-être ces récits vous inciteront-ils à devenir encore plus extraordinaire que vous l'êtes déjà. Mais, par-dessus tout, ils vous redonneront l'espoir et vous rassureront: oui! le monde est peuplé de personnes extraordinaires. Vous ne vous poserez plus jamais la question. Je vous en présente quelques-unes.

Une enfant extraordinaire

Nous avons tous entendu ces commentaires: «Les enfants peuvent être cruels» ou «Les enfants sont égoïstes par nature». Ce n'est sûrement pas le cas de Lisa Stoval. Son histoire prouve bien que les enfants peuvent être généreux, attentionnés, extravertis et altruistes. Lisa a transformé cette faculté qu'elle avait de se mettre à la place d'autrui en une action si créative qu'elle a peut-être changé la façon dont nous protégeons nos enfants.

Lisa Stoval, enfant, a été tellement bouleversée par l'enlèvement dans une ville voisine d'une fillette de son âge qu'elle s'est juré de faire tout ce qu'elle pourrait pour secourir les enfants en danger. Elle a mis au point un émetteur miniature pouvant être caché sur l'enfant et permettant de le repérer à bonne distance. Passionnée par sa recherche, elle a écrit au service des parcs et de la faune de sa région pour s'enquérir des dispositifs utilisés pour pister les animaux sauvages.

Lisa s'est ingéniée alors à modifier l'appareil pour qu'il ne soit pas nécessaire de l'implanter sous la peau, comme on le fait pour les animaux. De plus, elle a réussi à en augmenter la portée jusqu'à près de 40 kilomètres.

Lisa est la preuve vivante qu'il peut se passer des choses extraordinaires dans l'esprit des enfants, choses qui rendent le monde meilleur et plus sûr. De la sympathie qu'elle éprouvait est venue une idée qu'elle a immédiatement transformée en action, afin qu'une petite fille enlevée et assassinée ne soit pas morte en vain.

Un employé de service extraordinaire

Norman Demers, propriétaire d'un salon de coiffure prospère depuis plus de trente ans, a décidé de faire profiter la société de sa bonne fortune en coupant gratuitement les cheveux des personnes âgées confinées à leur domicile, ou trop frêles ou malades pour se rendre chez le coiffeur. Durant son jour de congé, Norman se rend dans les hôpitaux d'anciens combattants, dans les centres d'accueil et maison de repos, où il lave, coupe et coiffe gratuitement les cheveux des aînés.

Ses bonnes actions touchent le cœur non seulement de ses «clients» mais aussi de la famille de ceux-ci. La femme de l'un d'eux, émue aux larmes, s'est dite éternellement reconnaissante à Norman de rendre son mari plus présentable et de renforcer son estime de soi durant les derniers jours de sa vie.

Ce coiffeur généreux, qui passe sa seule journée de congé à faire profiter ceux qui en ont besoin d'un peu de sa bonne fortune, a constaté que son geste avait une portée incroyable.

Un professionnel de la santé extraordinaire

Le Dr Jim Withers travaille dans un hôpital de Pittsburgh où il traite des patients qui ont les moyens financiers de se faire soigner. Troublé par le fait que bon nombre de ses concitoyens ne pouvaient se permettre la même chose, il a un jour rempli sa valise de médicaments (et d'aliments) et a commencé à traiter les sans-abri. Chaque jour, il fait les rues de sa ville, à la recherche des sans-abri qui ont besoin de son aide. Témoins de son dévouement, de sa bonté et de sa générosité, d'autres médecins l'ont imité. L'expérience la plus gratifiante pour le Dr Withers a été de voir huit de ces sans-abri quitter la rue, se reprendre en main et commencer une nouvelle vie. Aujourd'hui, lui et son équipe poursuivent leur œuvre dans les rues de Pittsburgh.

Un voisin extraordinaire

Accablé par le vagabondage, les vols par effraction et la mendicité qui sévissaient dans son quartier, Brian Kito a à lui seul mis sur pied une patrouille de sécurité composée de citoyens décidés à protéger la vie des touristes, des marchands et des personnes âgées de sa communauté. Aujourd'hui, une cinquantaine de bénévoles patrouillent le quartier japonais du centre-ville de Los Angeles, qui est redevenu aussi sûr qu'il l'était à l'époque où Brian a grandi.

Une amoureuse extraordinaire

Il faut vraiment qu'une femme soit extraordinaire pour rester aux côtés d'un homme pendant quatre longues années, pour chaque jour lui parler, l'embrasser et le caresser tendrement, l'encourager avec des mots d'amour, tandis qu'il repose dans un coma profond. C'est ce qu'a fait Cecilia Orlandi, de Modène en Italie, lorsque son amoureux, Valerio Vasirani, est tombé dans le coma à cause d'un accident de voiture. Inévitablement, les mots d'amour et l'affection constante de Cecilia ont eu un effet profond sur Valerio. Miraculeusement, au bout de quatre ans, il a repris conscience. Même s'il n'a pas retrouvé l'usage de la parole, il peut se nourrir, boire et communiquer par gestes. Cecilia continue de lui manifester sa loyauté. Elle croit que Valerio finira un jour par lui parler, que leur avenir ensemble sera lumineux, qu'elle l'épousera et qu'ils auront des enfants.

Des parents extraordinaires

Les parents qui se plaignent du fait qu'ils n'ont pas assez d'argent pour prendre soin de leurs enfants devraient s'inspirer de Pat et Jill Williams, d'Orlando, en Floride. Ceux qui ont des préjugés ou qui sont racistes devraient eux aussi rencontrer les Williams. Ce couple extraordinaire sait par expérience que tous les êtres humains sont identiques malgré la couleur de leur peau. Ils savent que tous ont le même besoin d'être aimés, acceptés et aidés. Ils le savent parce qu'ils ont adopté 14 de leurs 18 enfants dans des pays comme la Roumanie, le Brésil, les Philippines et la Corée. Même si Pat Williams est directeur général de l'équipe de basket Magic d'Orlando, son salaire suffit à peine à nourrir et à vêtir 20 personnes, et à prendre soin d'eux.

Cependant, cela ne rebute pas Pat et Jill. Ils possèdent une force intérieure et une foi inébranlable qui leur a fourni et continuera de leur
fournir les moyens financiers de s'occuper de leur grande famille
multiculturelle. Leur amour mutuel est si fort qu'il rayonne sur le
monde entier, sur la vie d'enfants qui, sans eux, n'auraient jamais
connu le pouvoir de l'amour, et encore moins ce que c'est que de dormir dans un lit douillet, de porter des vêtements propres, de manger
à leur faim et d'aller chez le médecin lorsqu'ils sont malades. Pat et
Jill sont la preuve vivante que l'amour peut venir à bout de tous les
obstacles.

Des personnes handicapées extraordinaires

Quiconque éprouve de la pitié pour une personne handicapée ou
pour une personne issue d'une famille dysfonctionnelle devrait examiner le cas de Jack Hutchings, que ses parents alcooliques ont chassé
du foyer à l'âge de 16 ans. Jack est aveugle. Pour survivre, il a trouvé
un travail dans un petit atelier de tuyauterie.

Jack a pressenti que les gens en viendraient à souhaiter le confort
de la climatisation dans leur voiture. L'installation de climatiseurs
dans ces voitures nécessiterait l'utilisation de tuyaux.

Malgré sa cécité, il a quitté son emploi pour se lancer dans la
fabrication de serpentins destinés aux climatiseurs de voiture. Il les a
vendus aux constructeurs d'automobiles. Son produit a aussitôt rem-
porté un vif succès. Aujourd'hui, Jack est propriétaire de 16 usines
installées d'un bout à l'autre du pays, d'une maison située sur la
plage, d'un yacht et de deux jets privés.

Lorsque Jim Abbott, né sans main droite, grandissait au Michigan,
personne n'a jamais pensé qu'il procurerait tant de plaisir à tant de personnes en devenant l'un des plus grands joueurs de baseball des ligues
majeures. L'amour et le soutien de sa famille l'ont encouragé à faire du
sport collégial et à se joindre à l'équipe de baseball des Angels de
Californie. À 28 ans, cet homme remarquable apporte aux autres beaucoup de joie et les inspire; de plus, lui et sa femme soutiennent généreusement de nombreux organismes caritatifs.

Des animaux extraordinaires

Ralph est un labrador noir que l'on laisse en liberté dans le voisinage. Ses propriétaires ne se font jamais de souci pour lui. Exceptionnellement intelligent, il sait quand rentrer. Mascotte du quartier, Ralph est le bienvenu dans toutes les maisons. Les voisins assurent ses propriétaires qu'il ne court aucun danger. À la sortie des classes, Ralph accompagne les enfants du quartier.

Par un bel après-midi, manifestement énervé, Ralph a saisi la jambe de pantalon de l'un des garçons, essayant de l'attirer vers le centre commercial. Au début, les gamins ont cru que le chien jouait. Mais Ralph aboyait et continuait de tirer sur la jambe de pantalon de l'enfant, de l'attirer vers le centre commercial. Tous les enfants ont suivi le garçon et le chien jusque dans le parking du centre. Ralph s'est alors élancé sur le capot d'une vieille voiture et s'est mis à aboyer plus fort que jamais. Les enfants ont regardé dans la voiture pour savoir ce qui rendait le chien fou : un bébé y était enfermé, toutes fenêtres fermées, dans la chaleur accablante. L'un des garçons a tenté de briser une vitre avec un gros caillou, tandis qu'un autre s'est précipité chez un commerçant qui a appelé la police. Les agents ont forcé une portière et sauvé le bébé, avant d'arrêter son père pour négligence criminelle.

N'eût été de Ralph, cet enfant serait sans doute mort. Ralph était un héros. On a publié sa photo dans le journal en plus de lui décerner une médaille d'héroïsme, à lui et à ses petits compagnons, qui ont contribué à sauver l'enfant.

Nous devons tenir en haute estime ces personnes extraordinaires et nous inspirer d'elles. Ce sont elles les véritables héros, les vraies stars.

Nous devons honorer les vrais héros — ces personnes qui aiment les autres, qui font généreusement tout ce qu'elles peuvent pour leur venir en aide, qui essaient de vivre leur vie d'une manière qui inspire les gens au lieu de les rebuter.

Comme vous l'avez vu, les êtres extraordinaires sont de tous âges, de toutes races, de toutes provenances sociales, voire de toutes espèces. Par conséquent, la prochaine fois que vous douterez de l'humanité ou que les gens vous décevront, relisez le présent chapitre. Il sera pour vous un remède qui vous redonnera foi en autrui.

Même si nous vivons dans un monde de technologie, ne perdons jamais de vue l'importance des relations humaines.

Partez maintenant explorer le monde ; cherchez des personnes extraordinaires qui vous en feront connaître d'autres, lesquelles vous présenteront à d'autres encore. Quand vous les aurez trouvées, efforcez-vous de les retenir dans votre vie, en les appréciant, en les respectant et en favorisant leur développement. Ces relations vous procureront beaucoup de joie, de rires, de sourires, d'excitation, de nouvelles aventures, de réconfort et d'amour. Elles vous apporteront la vie dont vous avez toujours rêvé et à laquelle vous avez droit — sans vous sentir coupable.

Table des matières

LES ÉDITIONS DE L'HOMME

Psychologie, vie affective, vie professionnelle, sexualité

Achevé d'imprimer au Canada
en novembre 2003
sur les presses de Transcontinental
Division Imprimerie Gagné